Baltasar Gracián y Morales, Christian Jakob Wagenseil

Die Kunst zu Leben

vortrefliche Regeln eines alten Weltmannes fürs menschliche Leben

Baltasar Gracián y Morales, Christian Jakob Wagenseil

Die Kunst zu Leben
vortrefliche Regeln eines alten Weltmannes fürs menschliche Leben

ISBN/EAN: 9783743310636

Hergestellt in Europa, USA, Kanada, Australien, Japan

Cover: Foto ©Lupo / pixelio.de

Baltasar Gracián y Morales, Christian Jakob Wagenseil

Die Kunst zu Leben

1786.

Inhalt.

Kunst zu leben.

*

Zufälliger Weise bekam ich in einer Privat=
bibliothek „Gracians homme de Cour, oder
„kluger Hof= und Weltmann„ in die Hände.
Ich blätterte darinn, ward aufmerksam und bat
mir es zum Durchlesen aus. Bey näherer Un=
tersuchung fand ich viele vortrefliche Regeln fürs
menschliche Leben, mit denen vielleicht mancher
Schriftsteller prangt, ohne zu sagen, wo er sie
gefunden habe, so daß ich wünschte, das Buch
möchte bekannter seyn. Grazian gelegentlich
zu empfehlen, und es dann der Willkühr des
Lesers überlassen, ob er ihn suchen wolle oder
nicht, schien mir ein zu unsicheres Mittel, mei=
nen Zweck zu erreichen, auch wußt ich vorher,
daß mancher, der vielleicht noch auf meine Em=
pfehlung hören möchte, das Buch in gar kurzer
Zeit, seiner bunten und altmodischen Schreibart
halber, wieder aus der Hand legen würde.
Dies ist die Ursache, warum ich meinen alten
Autor in diese neue Gestalt umgeschmolzen habe.

Der ursprüngliche Titel des Buchs hieß
el Oraculo Manuel, y Arte de Prudentia.
Amelot de la Houffaie übersetzte es ins Fran=
zösische, auch erschien es deutsch, aber so fehler=

haft, daß Thomasius in einem Programm, das
der neuen Ueberſetzung (Augsburg 1711) mit
noch einem andern vorgedruckt iſt, verſichert,
er habe. nur allein im erſten Hundert dieſer
Maximen über zweyhundert Fehler gefunden,
die alle Grazians Sinn völlig entſtellten. Wie
die neuere Ueberſetzung gerathen ſey, davon habe
ich bereits oben geredet, und wird mir jeder,
der allenfalls ſie zu ſehen nicht Gelegenheit hat,
auf mein Wort glauben, der weiß, wie im
Jahr 1711 der deutſche Styl beſchaffen war.

Ich habe für nöthig gehalten, aus den
300 Maximen eine Auswahl von 198 zu
treffen, viele Stellen wegzulaſſen, und dagegen
eigene Zuſätze zu machen. Manche Dinge
ſchienen mir nicht wichtig genug, noch einmal
geſagt zu werden, manche wiederholten blos
ſchon da geweſene Gedanken, und noch andere
ſchienen mir wirklich nicht der Wahrheit und
Erfahrung gemäß. Die Anmerkungen aus der
Ausgabe von 1711 hab ich zuſammen gezogen,
und das, was ich davon brauchbar gefunden,
für die Bequemlichkeit des Leſers ſogleich im
Text geſagt, damit ſein Auge nicht bald da, bald
dort herum irren dürfte, ſo daß ich hoffe, man
werde dieſe neue Arbeit mit eben dem Vergnügen
leſen, als ehemals die alte geleſen worden iſt.

Leipziger Oſtermeſſe 1786.

I.
Sey nicht zu offenherzig!

Aus offener Karte spielen ist weder nützlich, noch angenehm, und die Verschwiegenheit ist das Heiligthum der Klugheit. Schwachköpfe plaudern alles heraus, was sie auf dem Herzen haben, aber der kluge Mann behält immer etwas für sich. Selten haben diejenigen Menschen grosses Glück gemacht, die zu offenherzig waren, denn sie beleidigten, ohne daß sie es wollten. Wer seine eigene Angelegenheiten nicht verschweigen kann, wie will der die Geheimnisse anderer bewahren? Man muß nur gegen diejenigen offenherzig seyn, die man nach langer Erfahrung ganz kennt, da ist Offenherzigkeit Tugend, aber in jedem andern Fall wird sie gewöhnlicher Weise schädlich, dem Offenherzigen selbst und auch andern.

II.
Weisheit und männlicher Muth zeugt Grösse.

Der Mensch ist nicht groß, als wenn er weise ist, und in so fern hat Seneka recht, wenn er sagt: der geringste Tag im Leben eines Gelehrten sey besser, als das ganze Daseyn eines Ignoranten. Der Unwissende verlebt seine Tage im Finstern, nährt dummen Stolz, aber Weisheit ist die Mutter der Bescheidenheit.

Jedoch Weisheit ohne männlichen Muth und Festigkeit ist gleich einer schönen Tulpe, die das Auge ergötzt, aber keinen Geruch hat. Ein weiser Mann kann kein Hase seyn. Wie soll der Grösse fühlen und bewundern, der vor einer Spinne zittert?

III.
Mache dich unentbehrlich.

Nicht der Künstler, sondern der Anbetende macht die hölzerne Figur zum Gott; denn alle Dinge erhalten erst Werth, wenn wir einen darauf legen. Ein kluger Mann hat es lieber, wenn man ihm für geleistete Dienste verbunden bleibt, als wenn man gleich alles baar bezahlt. So bald man getrunken hat, kehrt man dem

Brunnen den Rücken zu, und wirft die Pom=
meranze weg, wenn der Saft ausgedruckt ist.
So wird auch der selten weiter geachtet, dem
man nicht mehr verbunden ist.

. Das „unentbehrlich machen‟ kann noch
in mannigfaltigem Sinn genommen werden.
Wer z. E. nur gerade so viel glernt hat, daß
jeder andere eben so gut in seine Stelle paßt,
wird sich vieles müssen gefallen lassen. Ueber=
sieht er aber andere, daß sie finden, sie könnten
ihn nöthig haben, so werden sie sich bedenken,
ihn vor den Kopf zu stossen, weil ohne ihn ihre
Sachen den Krebsgang nehmen würden. -

IV.
Der vollkommene Mensch.

Niemand wird vollkommen geboren, er muß
es erst mit viel Anstrengung zu werden suchen.
Wohlgeordneter Verstand, richtige Beurthei=
lungskraft, Lenksamkeit des Willens und Vor=
sichtigkeit im Reden und Handeln, führen al=
leine dazu. Wenige gelangen dazu, und auch
die wenigen nur spät. Wer an der Thür des
Todes steht, sieht meistens am deutlichsten,
wie weit er noch vom Ideal der Vollkom=
menheit entfernt sey.

V.

Hüte dich, deinen Meister zu übertreffen.

Wer andere in irgend etwas übertrift, ist gemeiniglich gehaßt und verfolgt. Nicht nur der Tanzbär in der bekannten Fabel, sondern die Geschichte aller Zeiten und Völker bekräftigt diese Wahrheit. Je geschickter du bist, je mehr suche es zu verbergen. Denke daran, was beym Shakespear der Hofnarr des Königs Lear ziemlich weise sagt:

„Habe viel, und zeig' es nicht!
„Wisse viel, wenn's nur dein Mund nicht
spricht!„

Verstecke deine Weisheit, wie ein bescheidenes Mädchen ihre Schönheit unter dem reizenden Nachtgewande, die nur dann am lieblichsten hervor stralt. Leichter wird man dir ein edles Herz, als einen glänzenden Verstand verzeihen, und dich weniger um jenes, als um diesen beneiden. Die Menschen können es wohl leiden, daß man ihnen hilft, aber nicht, daß man sie an Einsichten übertrift. Wenn du jemand einen Rath giebst, so gieb dir ja nicht das Ansehen, als ob es dein Gedanke wäre, sondern thue blos, als ob du den, dem du rathen willst, an etwas erinnern wolltest, das er vielleicht gerade nur vergessen hätte. Die Sterne sind Kinder der Sonne, alle hellglänzend, aber sie lassen sich nicht neben ihr sehen. So mache du es mit jenen, die in gewissen Verhältnissen über dir stehen.

Alte Lehrer vergessen es nie, daß du bey ihnen in die Schule gegangen bist, und hättest du ihnen auch wenig zu danken, so sagen sie doch gerne, wenn man eine Vollkommenheit an dir rühmt: „ja, vortreflich! das hat er von mir!„ Wolltest du dich aber wirklich merken lassen, daß du indeß, seit du noch in Prima saffest, weiter gekommen seyst, und meintest, der Herr Präceptor stehe dir nach, so wirst du dir seinen Haß auf den Hals ziehen. Reitest du doch dein Steckenpferd auch, warum wolltest du dem alten Manne denn das seinige nicht vergönnen?

VI.

Sey deiner Leidenschaften Meister.

Es ist ein untrügliches Kennzeichen, daß man den höchsten Gipfel des Verstandes erstiegen habe, wenn ein Mensch seiner Leidenschaften Herr ist, sie zu unterdrücken und zu verbergen weiß, das erste, wodurch man sich über den gemeinen Haufen erheben kann. Es giebt

keine gröſſere Herrſchaft, als diejenige, die man
über ſeine Begierden, keinen ſchönern Sieg,
als den man über ſeine Leidenſchaften erhalten hat, es iſt der höchſte Triumph des
freyen Willens. Wenn kein Affekt über den
Verſtand Meiſter wird, ſo hat man Mittel
gefunden, vielem Verdruß auszuweichen, und
ſich in groſſes Anſehen zu ſetzen. Das Leben
desjenigen, der über ſeine Leidenſchaften Herr
geworden iſt, gleicht einem ſpiegelebenen Bach,
in den kein Blättchen eines Baumes noch
gefallen iſt.

VII.
Vom Glück und guten Namen.

Glück und guter Name — eins iſt ſo un-
beſtändig, als das andere feſt iſt. Das Glück
dient nur im Leben, aber der gute Name
reicht über das Grab hinaus, und währt auch
dann noch, wenn wir lange geſtorben ſind.
Jenes widerſteht dem Neid — denn was
bekümmert es den, der dem Glück im Schooße
ſitzt, ob ihn andere beneiden? — Dieſer trotzt
der Vergeſſenheit. Glücklich wird man zuweilen mit Hülfe anderer, aber Nachruhm
und guten Ruf erlangt man nur durch eigenes unermüdetes Beſtreben, und die Begierde

nach gutem Namen entspringt aus Tugend.
Nachruhm kann auf zweyerley Weise erlangt
werden, wenn man entweder wie Socrates
gelebt, oder wie Herostrat einen Dianentem=
pel angezündet hat. Welcher Nachruhm vor=
züglicher und der Bemühung des Weisen ei=
gentlich werth sey, brauch ich nicht zu sagen.

VIII.

Was muß der Natur und der Kunst, was der Materie und dem Künstler zuge= schrieben werden?

Es ist unter der Sonne keine Schönheit zu
finden, die nicht die Hand eines Künstlers
noch mehr erhöht hat; keine Vollkommen=
heit, die nicht etwas Unschickliches annehme,
wenn nicht die Kunst die letzte Bildung giebt.
Die Natur behält zuweilen das Beste zurück,
damit wir zur Kunst unsre Zuflucht nehmen
sollen, denn ohne sie bleibt das glücklichste Ge=
nie unvollendet. Wenn Natur und Kunst
auf einem Wege sich nicht freundlich die Hand
reichen, und mit vereinter Kraft arbeiten,
so entsteht Schülerarbeit, aber nie Mei=
sterwerk.

IX.

Ein Kluger handelt zuweilen offen, zuweilen verborgen.

Das menschliche Leben ist ein immerwährender Kampf wider die Bosheit der Sterblichen. Man muß also, um zu siegen, seine Plane und Absichten zu verbergen wissen, oft auf etwas zielen und etwas anders meinen. Man muß nie merken lassen, was man gerne thun möchte, sondern immer das Gegentheil, damit diejenigen, die uns beobachten, das Auge von dem Gegenstande unsrer eigentlichen Aufmerksamkeit wegwenden. Der Kluge sagt zuweilen so ein Wort in die Luft hinein, und thut hernach etwas, woran kein Menschenkind gedacht hat. Mittlerweile handelt er offen, indeß die andern glauben, daß es nur leere Vorspiegelung sey. Sie heften ihren Blick dann ganz wo anders hin, und verirren sich gewaltig.

Wer in den meisten Fällen nicht so zu Werke geht, wird seine Plane größtentheils scheitern sehen, weil immer genug darauf warten, seine Freude zu zerstören, um heimlich über den Gefallenen ein schadenfrohes Gelächter aufschlagen zu können.

X.
Die Sache an sich selbst, und die Art damit umzugehen.

Es ist nicht genug, daß die Sache gut sey, auch die Umstände müssen es seyn. Ein ungeschickter Advokat verderbt den gerechtesten Handel, da hingegen ein kluges Verfahren oft manchen Fehler verbessert. Das einsilbige Wörtchen Wie? kann etwas verderben, oder gut machen. Eine freye und geschickte Manier, eine Sache zu behandeln, bezaubert die Gemüther, und ist die Zierde eines Menschen. — Was uns an einem Ding zuerst in die Augen fällt, ist nur desselben äusserliche Gestalt und nicht ihr Wesen. Der Kern, oder das Wesentliche, wird erst spät erkannt.

Wer das Nein so zu überzuckern weiß, daß es höher geschätzt wird, als ein unfreundliches Ja, der wird sich auch manchmal diejenigen verbinden, die sonst keine Lust haben, ihm verbunden zu seyn.

***

XI.
Wie kann man kluge Leute zu Hülfe ziehen?

Es ist kein geringes Glück für grosse Herren, daß sie Leute um sich haben, deren Klugheit sie aus mancher Verlegenheit rettet. Hat sie gleich die Natur zu Herrschern bestimmt, so sind sie doch Unterthanen der geschicktern, denn diese können mit ihnen machen, was sie wollen. Wer die Weisheit nicht zur Dienerin haben kann, der sehe zu, daß er sie wenigstens zur Gefärtin bekomme.

XII.
Gelehrsamkeit und gute Absicht.

Beides sind Quellen, woraus alle glückliche Verrichtungen fliessen. Scharfer Verstand bey bösem Willen ist ein zweyschneidiges Schwerdt in der Hand eines Mörders. Böse Absicht ist Gift bey Handlungen im menschlichen Leben, und richtet dreyfaches Unheil an, wenn sie mit ausgebreiteter Gelehrsamkeit vergesellschaftet ist. Unselige Geschicklichkeit, die sich brauchen läßt, Böses zu thun! Wissenschaft ohne ein redliches Herz ist doppelte Thorheit.

XIII.
Man muß nicht immer auf einerley Art handeln.

Wer alle seine Angelegenheiten auf einerley Weise treibt, ist leicht ausgekundschaftet. Seine

Feinde werden ihm öfters zuvorzukommen suchen, und das Ziel verrücken. Einen Vogel, der im Fliegen, immer geraden Strich hält, kann man weit leichter schiessen, als den, der keinen geraden Flug hat.

Man muß sich aber nicht allzeit verstellen, denn einer List, die öfters gebraucht wird, kommt man bald hinter die Schliche. Die Bosheit hält stets ihre Spionen, und es ist nichts leichtes, ihren Stricken zu entkommen. Ein schlauer Spieler wirft niemals das Blatt aus, worauf sein Gegner wartet, noch viel weniger aber das, dem er mit Verlangen entgegen sieht.

XIV.
Genie und Gegenwart des Geistes.

Wer diese beide Vollkommenheiten nicht mit einander vereinigt, wird nicht leicht sich empor schwingen, aber wenn beide zusammen kommen, so entsteht etwas Grosses. Ein mittelmäßiger Kopf, der sich leicht zu finden weiß und mit Gegenwart des Geistes handelt, bringt es oft höher, als der tiefsinnigste, dem's langsam von der Hand geht, der oft Kleinigkeiten übersieht, die im Lauf der Sache aber wichtig werden. Es ist gewiß, daß es manchem in den wichtigsten Geschäften, die sein Adlerblick völlig durchspähte, blos an Gegenwart des Geistes bey der Ausführung gemangelt hat, und darüber gingen die ausgedachtesten Entwürfe verloren... Es ist also überaus nöthig, sich strenge dazu zu gewöhnen.

XV.
Laß dich nicht zu sehr rühmen!

Zu viel Ruhm macht hochmüthig. Er ist gemeiniglich das Unglück derer, die zu viel Weyrauch empfangen, daß ihnen der Kopf schwindlicht wird, und sie niemals zu derjenigen Vollkommenheit gelangen, welche zu erreichen sie fähig gewesen wären. Jeder Mensch hat seine Portion Einbildung, die einen falschen Spiegel vors Gesicht hält, und Wieland sagt dann sehr richtig:

Man höret stets mit Wolgefallen
Aus andrer Mund das Urtheil widerhallen,
Womit uns innerlich die Eitelkeit beehrt.
Ein Philosoph bleibt doch uns andern allen
Im Grunde gleich. — Wär er so stoisch als
    ein Stein,
Und hätte nichts die Ehr' ihm zu gefallen,
Er selbst gefällt sich doch. — Schmaucht ihn
    mit Weyrauch ein,
Und glaubt es mir, er wird erkenntlich seyn.

Die

Die Vortreflichkeit an sich selbst hat niemals der Einbildung von ihr gleich kommen können, und so schwer es ist, alle Vollkommenheiten zu besitzen, so leicht ist es, sich einzubilden, daß man sie wirklich habe. — Aber das ist nicht der einzige Schade, den das zu grosse Rühmen würkt. Auch andere, die aus gutgemeinter Schwachheit ihrem Götzen räuchern, verlieren die hohe Meynung nicht nur, die sie anfangs von ihm hatten, wenn er einmal einen schiefen Streich macht, sondern springen gerne auf ein anderes Extrem, setzen ihn zu tief herunter, aus Aergerniß, weil sie sich getäuscht fanden. Warlich es gehören grosse Verdienste dazu, einer grossen Hofnung Genüge zu leisten. Man übersieht, wenn diese nur etwas verschwindet, das Gute, das wirklich noch da ist, und all der vorige Beyfall entschädigt für dies Uebersehen nicht. — Wohl dem, der seine Sachen so einzurichten weiß, daß man mehr von ihm genießt als hoft. Wenn eine That selbst die Einbildung und Hofnung der Menge übersteigt, dann giebt sie mehr Ehre, als wenn man grössere Dinge erwartet hat.

───────────

XVI.
Wie lange lebt der Weise?

Auch Leute von grossen Verdiensten hangen von
Zeit und Umständen ab. Vergebens bemühen
sie sich öfters, empor zu kommen, umsonst —
sie bleiben am Boden. Das Gute reift überaus langsam und gedeiht nicht in jedem Lande.
Die Dinge dieser Welt haben alle, wie schon
König Salomo bemerkt hat, ihre Zeit und die
wichtigsten sogar, sind der Tyrannin Mode unterworfen. Dem Weisen bleibt, bey viel ver-
unglückten Planen fürs Beste seiner Brüder,
der einzige Trost noch übrig, daß er ewig lebt.
Wenn schon die Zeitgenossen seine Würde übersehen, so ist dagegen die Nachwelt um so ge-
rechter. Dann wird hervorgezogen, was er
dachte und sprach, manches wird ausgeführt
und mit Dank erkannt, denn in der Haushal-
tung Gottes geht nichts Gutes ganz verloren.

XVII.
Die Kunst glücklich zu werden.

Es giebt Regeln, glücklich zu werden, denn
ein Weiser sieht das Glück nicht immer für etwas zufälliges an, sondern er weiß, daß er

manchmal durch seinen Fleiß die Annäherung desselben befördern kann. Einige weilen nur am Thore des Tempels der Glücksgöttin, und warten unthätig, bis Madam dieselbe großgün-stig eröfne. Andere sind herzhafter und lassen nicht nach mit Ringen und Streben, bis sie die spröde Schöne zu einer Gunstbezeugung bewe-gen. Aufrichtig von der Sache zu reden, so ist nur der Tugendhafte und Geschickte Meiste des Glücks. So wie die Thorheit alles Un-glücks Ursprung ist, so ist hingegen Tugend und Weisheit die einzige ächte Quelle aller Glückseligkeit. Sey weise und tugendsam, so bist du glücklich.

XVIII.

Kann man ohne Vorwurf eines Fehlers bleiben?

Nicht wohl! und hätten wir — welches doch eine pure Unmöglichkeit ist — auch keinen, so würde der Neid aus unsern Tugenden Feh-ler zu machen wissen; so aber findet sich bey je-der Vollkommenheit immer ein Wenn und Aber. Es giebt einige Menschen, die ziem-lich fehlerfrey sind, aber doch nicht ganz und je mehr Vollkommenheiten ein Mann besitzt, desto grösser fällt sein Fehler in die Augen, denn eine einzige Wolke kann die ganze Sonne verhüllen. Wer seine Fehler in Vollkommenheiten zu verwandeln wüßte, so wie Cäsar seine kahle Glaze unter dem Schatten der Lorbeerzweige verbarg, der hätte den Stein der Weisen entdeckt. Den Stein der Narren zu finden, giebt man sich leider in unsern Tagen wieder hie und da Mühe.

XIX.
Mäßige deine Einbildung.

Willst du glücklich leben und für weise gehalten seyn, so verbessere deine Einbildung, oder suche sie wenigstens zu mäßigen. Denn wenn du ihr einmal die Meisterschaft einräumest, so bist du mehr Sklave, als der, den das Schicksal auf die Gälere, oder in die Zuckerplantagen verdammt hat. Entweder sie martert dich mit unaufhörlicher Angst, und du bist dein eigener Henker, oder sie malt dir Ehr' und Vergnügen vor und du bist ein wachender Träumer, beydes Dinge, die unglücklich machen.

XX.

Die Kunst, andern ins Herz zu sehen.

Wer ehedem wohl zu reden wußte, war der Allerweiseste. Heut zu Tage ist das nicht genug, sondern man muß auch anderer Menschen Gedanken errathen können. Wahrheiten, die uns nutzen können, werden öfters nur halb gesagt, das übrige müssen wir blos vermuthen, denn die Wahrheit ist eine keusche Dirne und geht meistens verschleyert. Damit aber der Kluge ihr auf den Grund komme, muß er in Dingen, die ihm vortheilhaft scheinen, nicht zu leichtgläubig und in widerwärtigen nicht zu ungläubig seyn.

XXI.

Die Kunst, anderer Schwäche zu finden.

Wer diese Kunst versteht, der hat der Menschen Herz in Händen und kommt leicht zu seinem Zweck. Es ist kein Sterblicher hienieden, der nicht seine Hauptleidenschaften hat, und diese sind, nach Verschiedenheit des Temperaments, sehr verschieden. Alle Menschen haben einen Götzen. Dieser opfert der Ehre, der andere dem Eigennutz, die meisten dem Vergnügen. Diesen Götzen muß man recht kennen,

wenn man die Schwäche dessen, der ihn anbe-
tet, finden will. Wer es kann, hat den Schlüssel zu dem menschlichen Willen gefunden. Das
Temperament eines Menschen ist das erste, um
das man sich zu bekümmern hat, denn dies
modificirt seine Leidenschaften. Bey diesen
greift man ihn an und das Spiel ist gewonnen.

XXII.

Sieh nicht auf die Schale, sondern auf
den Kern.

Vollkommenheit beruht nicht auf Grösse und
Vielheit eines Dinges, sondern auf der innern
Beschaffenheit desselben. Mittelgut wird selten hochgeachtet und von hauptsächlich Gutem
giebt es wenig. Viele schätzen die Bücher nach
ihrer Grösse, gerade, als ob sie geschrieben wären, die Arme, und nicht den Kopf auszufül-
len, und doch steckt oft in wenigen Bogen mehr
wahre Weisheit, als in vielen Folianten.

Mittelstrasse ist in allen Dingen die beste.
Wer in allem groß seyn will, ist es selten in
etwas. Innere Güte allein macht den Ruhm
beständig, äusserliche Grösse ist nur Flitter-
staat.

XXIII.

Setze dir nicht in den Kopf, allen gefallen zu wollen.

Jener hatte groß Recht, der sagte, daß ihm leid sey, wenn er vielen gefalle, denn ein kluger Mann ergötzt sich nie an den Lobsprüchen des Pöbels, weil dieser wahre Größe unmöglich bewundern kann. Laß dich den Anblick dessen, was die Menge als ein Wunder anstaunt, nicht blenden! Der Unwissende bewundert alles und die Bewunderung entsteht nicht sowohl aus der Sache, als vielmehr aus der Blödigkeit seines Verstandes. Ein Weiser wird dasjenige mit größter Gleichgültigkeit betrachten, was die Einfalt der Bewunderung äusserst werth hält.

XXIV.

Lieber beständig, als schlau.

Man muß allzeit unter Leitung der Vernunft handeln, und zwar so beständig, daß weder die Liebe des Volks, noch eine tyrannische Gewalt etwas dagegen vermag. Weltleute bringen Gewissen und Umstände leicht unter einen Hut, aber ein redlicher Mann scheut sich vor Irrgängen und will lieber für beständig,

als für schlau gehalten werden. Wahrheit ist
seine Freundinn, seine Begleiterin, und entzieht er sich auch zuweilen dem Umgang der
Menschen, so geschieht es blos darum, weil sie
die Vernunft um ihre Rechte gebracht haben.

XXV.

Der Weise kann kein Sonderling seyn.

Der Eigensinn hat viele Sekten gemacht,
aber ein kluger Mann geht seinen eigenen Weg
und hängt sich an keine besonders. Es giebt
wunderliche Köpfe genug in der Welt, denen
nichts ansteht, was andern Leuten gefällt, die
aber ihres Eigensinns halber billig verachtet und
ausgelacht werden. Die Schule des Weisen
ist die Welt, Einsamkeit macht Schwärmer
und diese sind Geschwisterkinder mit dem Sonderling. Will man in der Welt leben, so
muß man sich nach den Menschen wenigstens in
gleichgültigen Dingen richten, oder sie stossen
uns von sich. Weisheit ist vertraulich, theilt
gerne sich mit, dem der sie sucht, aber dem
Sonderling ist Theilnehmung Gift.

XXVI.
Wie kann man glückliche und unglückliche Leute erkennen?

Unglück ist oft im Leben ein Kind der Thorheit, und keine Seuche steckt so gewaltig an, als der Umgang mit solchen unglücklichen Leuten. Auch dem geringsten Uebel muß man die Thüre verschliessen, denn es stehen immer noch grössere im Hinterhalt, die dann sich hervordrängen. Suche die Weisesten, denn diese sind in Wahrheit die glücklichsten. Da mag's dir gehen wie es will, es geht allezeit wohl.

XXVII.
Der Weise vergnügt jedermann.

Die grösste Ehre für Fürsten, ist, das Herz des Volks zu gewinnen. Der einzige Vorzug, den sie haben, ist dieser, daß sie mehr Gutes thun können, als andere. Der Weise setzt sein Glück darin, jeden froh zu machen, und wem hat es noch an Gelegenheit gefehlt, der es thun wollte. Was geht über die Freude, Menschen zu beglücken!

XXVIII.

Die Kunst, sich zu entziehen.

Wenn es eine grosse Kunst ist, angebotene Dienstbezeugungen auszuschlagen, so ist doch gewiß die noch viel grösser, wenn man sich manchen Geschäften und Gesellschaften zu entziehen weiß. Es giebt verdrießliche Arbeiten, die die edelste Zeit rauben, und durch die im Grunde doch nichts ausgerichtet wird, so daß es besser ist, nichts zu thun, als seine Mühe übel anzuwenden.

Derjenige ist noch nicht vollkommen klug, der selbst keine listige Streiche spielt, sondern der, welcher sich hütet, durch andere in dergleichen verwickelt zu werden. — Diene andern nach Kräften und Vermögen, aber treibe deine Gutherzigkeit nicht so weit, daß du dabey aufhörst dein eigener Herr zu seyn. Mißbrauche deine Freunde nicht, und verlange nichts von ihnen, wozu sie sich nicht selbst willig finden lassen. Alle Freyheit mußt du dazu anwenden, immer das Beste auszulösen und nie etwas thun, was dem edlern Theil derer, die um dich sind, mißfallen kann.

XXIX.

Lerne deine Kräfte kennen.

Die Kenntniß seiner eigenen Kräfte dient da=
zu, daß man seine Vollkommenheiten noch mehr
erhöhen, seine Fehler aber verbessern kann.
Mancher hätt' es weiter gebracht, wenn er sei=
ne Talente gekannt hätte und manchen hätte
eine Last nicht niedergedrückt, wenn er die
Kraft seiner Schultern geprüft haben würde.

Einige Menschen haben grössere Geistes=
gaben, andere grössern Muth. Die meisten
zwingen sich in eine Sphäre hinein, in die sie
nicht passen, und daher kommt es, daß sie es
nie weit bringen können. Wer bey der Wahl
seines Berufs dem eigenen innern Trieb folgt,
und damit gehörigen Fleiß vereinigt, der kann
Wunder thun, es sey worin es wolle. Was
unsre Neigung mit Lust und zu rechter Zeit an=
genommen hat, das verliert sich so leicht nicht.
Chilon hat wahr geredet: man müsse erst wis=
sen, wozu man sich schicke, ehe man einen
Stand wähle. Die vornehmste Kenntniß setz=
ten die Weisen aller Zeiten und Völker in das
γνῶθι σεαυτόν! und wer diesem Wegweiser
willig die Hand reicht, wird nicht irre gehen.

XXX.

Schätze jedes Ding nach seinem rechten Werth.

Ein grosser Theil des Unmuths und Unglücks in der Welt rührt unstreitig blos daher, weil wir die Dinge so selten in ihrem wahren Lichte betrachten und bald grössern, bald geringern Werth darauf legen, als sie wirklich haben. Das beste läßt man daher oft aus der Acht, und lauft nach Schatten. Aber der wahre Weise sieht ein Ding von all seinen Seiten an und denkt oft, vielleicht habe er noch die beste desselben nicht gefunden. Diese Erkenntniß setzt ihn in den Stand richtig zu wählen und weniger als andere getäuscht zu werden.

XXXI.

Prüfe dein Glück mit Weisheit.

Wer erst im sechszigsten Jahre, wenn die Kräfte schon durch Unmäßigkeit erschöpft sind, sich um Regeln der Diät bekümmert, ist ein Thor; aber noch weit mehr derjenige, der erst in diesem Alter bey einem Philosophen zur Schule geht, um Lebensweisheit zu lernen. Beydes muß in Zeiten geschehen.

Sein Glück recht regieren zu können, die rechte Stunde desselben zu erwarten, und dann es geschickt anzunehmen, ist keine geringe Kunst, denn es ist unstät und flüchtig, und derjenige darf es wohl fest halten, den es einmal freundlich angelächelt hat. Fühlt einer, daß er unglücklich sey, so mag er nicht zu viel wagen, damit er nicht zum Gelächter von den Günstlingen Fortunens werde.

XXXII.

Man muß errathen können, was die Menschen manchmal mit wenigen hingeworfenen Worten sagen wollen.

Es ist etwas, das in Gesellschaft oft vorkommt, daß in einer Unterredung manchmal nur einige gleichsam verlorne Worte hingeworfen werden. Sie entstehen schnell wie der Blitz, fahren vorüber und lassen den Eindruck ihres Daseyns zurück. Ein einziges nachdenkliches Wort hat oft Leute, die das Murren eines ganzen Volks nicht bewegen konnte, plötzlich aus aller Fassung gesetzt. Im Gegentheil giebt es solche Worte, die eine ganz andere Wirkung haben, und den Ruhm dessen, von dem geredet ward, erhalten und vermehren. Wie aber dergleichen Worte nicht ohne Geschicklichkeit und Absicht gerebet werden dürfen, so müssen sie auch nur mit vieler Behutsamkeit angenommen und beantwortet werden. Derjenige Fechter kann erst glücklich seyn, der den Stoß seines Gegners kennt und mit Vorsicht demselben auszuweichen weiß.

XXXII.
Sey mäßig in deinem Glück!

Es giebt nur wenige Menschen, die bey widrigen Ereignissen Muth und Standhaftigkeit nicht verlieren, aber noch weit wenigere, die sich im Glück zu fassen wissen. Sie werden übermüthig und hart, ohne zu bedenken, daß sie ohnedas schon beneidet werden, und folglich sich noch Haß auf den Hals laden. Die Kunst an sich zu halten, ist aber eben so groß, als zu unternehmen. Stets anhaltendes Glück ist allzeit verdächtig und ein mittelmäßiges, das zuweilen mit etwas Bitterkeit vermischt ist, bewahrt vor Uebermuth. Je höher der Barometer des Glücks steigt, desto unbeständiger ist er, desto geneigter zum Fallen. Eine kurze Freude ist die süsseste, denn sie wird nicht so leicht unschmackhaft. Endlich wird auch das Glück müde, einen Menschen immer auf den Händen zu tragen und weh ihm, wenn es ihn niedersetzt, wenn er nicht vorher sich als ein Weiser bezeugt hat. Man wird sich seines Falls freuen, und niemand wird seyn, der ihm aufhilft.

***

XXXIV.

Lerne das Wesen und die rechte Zeit der Dinge kennen, damit du sie recht be-nutzen kannst.

Die Werke der Natur kommen alle auf den ihnen bestimmten Grad der Vollkommenheit, und sind täglich im Zunehmen, bis sie dahin gelan-gen. Aber dann, wann sie ihr Ziel erreicht haben, nehmen sie von Tag zu Tag wieder ab. Die Werke der Kunst hingegen sind nie so voll-kommen, daß sie es nicht noch mehr werden könnten. Wohl dem, der einsehen kann, was in jeder Sache die höchste Vollkommenheit sey! Hiezu sind wenige Menschen geschickt, und die-jenigen, die es könnten, sind öfters zu schläf-rig und nachläßig. — Auch die Früchte des Verstandes haben ihre Zeit, wann sie zur Rei-se kommen, wer sich ihrer mit Nutzen bedienen will, muß diese Zeit billig in Acht nehmen, sonst wird er den Vortheil nie davon haben, den sie zu gewähren fähig sind.

***

XXXV.
Die Kunst, sich beliebt zu machen.

Bewundert zu werden ist viel, aber geliebt zu
seyn noch weit mehr. Hochachtung muß der
Liebe vorangehen und ohne die erstere ist diese
nie. Durch Fleiß und gute Sitten kann man
sich Hochachtung erwerben, aber die Liebe fordert noch mehr. Wer geliebt will werden, der
muß zuvor lieben. Plinius der jüngere hat
die Wahrheit gesagt: daß keine Sache sey, der
man immer Gleiches mit Gleichem so bestimmt
vergelten müsse, als die Liebe. Ein Fürst, der
seine Unterthanen nicht liebt, wird auch nimmermehr von ihnen geliebt werden. Durch
liebreiche Höflichkeit kann man das Volk am ersten gewinnen. Das wuste Kaiser Titus, und
eben darum hieß er die Liebe und Ergötzung
des menschlichen Geschlechts. — Alphonsus
der großmüthige König von Neapel stieg vom
Pferde, um einem armen Bauersmann zu Hülfe
zu kommen und die belagerte Stadt Gaeta
übergab sich, wozu sie vorher all seine Solda-
ten und Kanonen nicht zu bringen vermochten.
Denn da er nur auf etliche Augenblicke bey dem
Leiden eines Menschen seiner Majestät vergaß,
so gewann er sich in diesem Augenblick die Liebe

be von tausend Herzen, die vorhin mit Haß
gegen ihn erfüllt waren. Als Friedrich der
Große in den Aschenhaufen von Küstrin
weinte, sang Gleim:

> Ein König weint!
> Gieb ihm die Herrschaft über dich, o Welt!
> Dieweil er weinen kann!

Höflichkeit, liebreiches Betragen, Wohlthätigkeit und überhaupt Tugend und mensch-
liches Gefühl erwirbt allezeit die Liebe der
besten Menschen, und diese hält schadlos für
den Haß der Thoren und Lasterhaften.

XXXVI.

Ein Weiser macht nichts grösser, als es
wirklich ist.

Wahrheit oder Klugheit leiden bey jeder Ue-
bertreibung. Zu großes Lob erweckt Neu-
gierde und Neid und wenn vollends die
Verdienste dem Lob nicht entsprechen, so sieht
man sich betrogen, hält den Lobredner für einen leeren Kopf und verhöhnt den Gelobten.
Deßwegen spricht der Weise lieber wenig als
viel, und mäßigt sich beym Tadel sowol als
beym Lob. Unmäßiges Rühmen gränzt nah
ans Gebiet der Lüge und Wahrheit ist doch

nur die liebste Tochter der Weisheit. Ohne große und vielfältige Erfahrung wird man nie zur rechten Werthschätzung von Tugend und Vollkommenheit gelangen können. Kann der Kluge nicht richtig und mit vollkommener Gewißheit beurtheilen oder bestimmen; so schweigt er lieber gar stille, weil er im Gegentheil eher seine Blöße verrathen, als dem andern durch seinen Lobspruch nützen würde.

XXXVII.
Hoheit und Anstand.

Vielen Menschen hat die Natur eine verborgene Kraft mitgetheilt, die ihnen bey all ihren Handlungen äusserst wohl zu statten kommt, und die weder durch Kunst noch Zwang erhalten werden kann. Diesen Menschen erzeigt sich alles bereitwillig, ohne zu wissen warum. Man unterwirft sich stillschweigend der Hoheit und dem Anstand, der ihnen angeboren ist. Noch mehr kann diese Gabe der gütigen Natur — so wie all ihre Gaben — ausgebildet werden, wenn die Kunst ihre Hand dazu reicht. Mittelmäßiger Verstand, in einem Körper voll Hoheit und Anstand, wirkt grössere Wunder, als das glänzendste Genie in einem Krüppel. Laß einmal Ciceros Reden gegen den Catilina einen hersagen, der bucklicht, schief gewachsen und einäugig ist, und siehe zu, wie viel sie wirken werden!

Der Mann von Hoheit und Anstand hat ein gewisses Vertrauen zu sich selbst zum voraus. Jeder andere, gegen den die Natur nicht so freygebig war, greift seine Geschäfte mit Mißtrauen an. Mißtrauen zeugt Furcht, und diese Zaghaftigkeit, aber ohne Muth kommt niemand vorwärts. Die Furcht zerstreut die besten Gedanken und legt der Zunge Gebiß an.

Wenn der öffentliche Redner mit jener verborgenen Kraft ausgesteuert ist, so haben seine Hörer vor ihm Ehrerbietung, und dieser folgt Ueberzeugung von der Wahrheit dessen, was er sagt — seys nun wirklich so, oder nicht — auf dem Fuße nach. Wer mit Anstand erscheint, läßt gleichsam auf seinem Gesicht lesen, daß er das gewonnene Spiel in Händen habe, und der Furchtsame erscheint, als einer, der eine böse Sache im Schilde führe, da fällt Hochachtung und seinen Worten sträubt sich der Wille derer, die ihn verachten, entgegen.

C 2

Von dieser Hoheit ist nur ein ganz kleiner Weg zu Trotz und Frechheit. Wer sie also hat, danke der Natur, als für ein reiches Heyrathsgut, aber er mäßige seine Hoheit mit liebreicher Bescheidenheit. Sey weder zu furchtsam, noch zu beherzt, damit du die Achtung nicht verlierest. — Grosse Thaten, mit Anstand ausgeführt, sind noch eins so viel werth.

XXXVIII.
Hüte dich vor dem Widerspruch der Menge!

Wider den Strom schwimmen ist so schwer als gefährlich, selbst Sokrates hat es mit seinem Leben bezahlen müssen. Ein Widerspruch wird immer für eine Beleidigung angenommen, weil man sich das Ansehen giebt, als setze man Mißtrauen in den Verstand seines Gegners. Bald finden sich der Sache wegen selbst, die man widerspricht, theils wegen des grossen Anhangs, den sie hat, genug Widersacher. Die Wahrheit können nur wenige ertragen, aber dem Irrthum hängt die ganze Welt an. Beurtheile daher den Weisen selten nach dem, was er sagt. Er thut oft äusserlich, als wär er der Volks-

meynung zugethan, da er doch im Herzen
ganz anders denkt. Je mehr er Ursache findet, dies und jenes zu tadeln, desto mehr
hütet er sich, es vor jedermann laut zu sagen. Für sich kann er denken, was er will,
und kann ihn keine Macht zwingen, das
Gegentheil zu thun. Sagt er seine wahre
Meynung, so geschieht es nur gegen wenige,
die ihm gleichen.

XXXIX.
Ein Kluger sympathisirt nur mit Klugen.

Unter Narren und Weisen herrschte von
Anbeginn der Welt eine unauslöschliche Antipathie, die in ihrer beyderseitiger Natur ge-
gründet ist, denn die Finsterniß kann das Licht
nicht ertragen. Helden lieben Helden! Es
findet sich zwischen Menschen, die mit einander Aehnlichkeit haben, eine Art von Bluts-
freundschaft. Dieser Sympathie, diesem ge-
heimen Zug, der Herzen unversehens zusammen
kettet, ist alles in der Welt möglich. Sie
überredet, ohne ein Wort zu verlieren, sie
erhält alles, was sie verlangt. Die Sympathie ist das A. B: C. der Liebe, und wer sie
nicht hat, wird nie ein Herz erobern. Sie bleibt
nicht bey der Hochachtung stehen, sondern wird

zur Liebe. Eine Art von Sympathie besteht darin, daß sie dem Gegenstande, auf welchen sie trift, alles zu Gefallen thut, eine andere im Mitleiden, und je höher sie kommt, je glücklicher ist sie.

Verschiedenheit der Gefühle steht der Sympathie gerade entgegen und daher kommt es, daß Narren und Weise so wenig Freunde werden können, als der Schnee [sich mit der Sonne im Julius paaren kann.

XL.
Sey bedächtig, aber nicht argwöhnisch!

Es ist unnöthig, daß alles, was du über eine Sache denkst, jedermann bekannt seyn muß. Sey hierinn behutsam, aber vermeide, dich argwöhnisch zu zeigen. Sey auf deiner Hut, wenn du Betrug ahndest, doch laß dichs nichts merken, damit die Leute nicht anfangen Mißtrauen auf dich zu werfen. Ein Argwöhnischer reizt leicht zur Rache und macht, daß man auf Mittel denkt, ihm zu schaden, an die man vorher nicht gedacht hatte. — Hast du die Umstände eines auszuführenden Geschäfts erst wohl überlegt, so wär es ein Zeichen eines sehr leichtsinnigen Gemüths, wenn du nicht bedächtlich dabey verfahren wolltest. Behutsamkeit ist wahrhaf-

tig eine Tugend, aber Argwohn allezeit ein
Fehler in einem menschlichen Karakter.

XLI.
Der Weise sucht seine Antipathie zu verbessern.

Es ist nichts neues, daß wir Menschen oft andere hassen, ohne zu wissen, warum; und oft
ohne ihre Schuld. Daher kann es öfters kommen, daß wir uns mit einer solchen Abneigung
nicht wenig prostituiren, weil das schlechte Em-
pfelung giebt, wenn man Menschen haßt, die
vielleicht gerade am meisten verdienen geliebt zu
werden. Ein kluger Mann, wenn sich etwa
solch ein unwillkührlicher Haß in sein Herz
schleichen sollte, untersucht vor allen Dingen,
ob der andere es auch verdiene. Er bemüht
sich, als ein Menschenfreund, die verkannte-
ste Seite desselben aufzusuchen, und findet vielleicht unvermerkt Vollkommenheiten, durch die
sein Haß verscheucht wird. So rühmlich es
ist, mit rechtschaffenen Leuten zu sympathisiren,
so tadelswerth ist es, gegen sie Antipathie zu
nähren.

XLII.

Laß dich nicht in Händel ein!

Dies ist eine Hauptregel der Klugheit. — Leichter, weit leichter ist es, sich vor der Gelegenheit zu Händeln zu hüten, als mit Ehren wieder heraus zu kommen, wenn man einmal darin verwickelt ist. Es giebt Menschen, die vermöge ihres hitzigen Temperaments sich in alles mischen, aber oft mit blutigen Köpfen belohnt nach Hause gehen. Der Vernünftige hat allezeit den Zügel in der Hand. Es ist rühmlicher, sich gar nicht einzulassen, als dabey zu gewinnen! Sucht man Händel an dich, so entferne dich mit Manier und antworte dem Narren nicht nach seiner Narrheit.

XLIII.

Der Mensch von grossen Geistesgaben.

Je mehr ein Mensch Geistesgaben besitzt, und je mehr er diese durch Fleiß ausgebildet hat, desto mehr ist er Mensch zu nennen, denn das innerliche ist allezeit mehr werth, als die äussere Larve. Es giebt Menschen, an denen schlechterdings nichts zu finden ist, als grosses Gepränge, Pralerey, Wind und Gebraus, aber sie gleichen denen Gebäuden, die man oh=

ne Plan angefangen hat und nun nicht höher
führen kann, weil es an dem nöthigen Grund
zur Unterſtützung mangelt. Treffen ſolche Leute ihres Gleichen an, ſo fällt es ihnen leicht,
weil ſie das Grosſprechen gewohnt ſind, dieſen
einen blauen Dunſt vor die Augen zu machen,
aber klügere Leute, die ihre Blöſſe bald entdek-
ken, lächeln mitleidig über dergleichen hirnloſe
Purſche, denen nie ein ſaurer Wind unter die
Naſe geweht hat, und die Verzärtelung in der
Jugend, Schmeicheleyen der Mama und Nach-
giebigkeit des Papa, zu Pralhanſen gebildet
hat, die überall anrennen und ſich lächerlich
machen.

XLIV.
Der Mann von Vernunft.

Wer Vernunft hat und ſie zu brauchen ver-
ſteht, der iſt Herr über äuſſerliche Umſtände,
nicht dieſe über ihn. Er kennet bald anderer
Fähigkeiten, darf einen Menſchen nur einige-
mal ſehen, um ihn richtig beurtheilen zu können. Er ſchaut in die verborgenſten Tiefen
des menſchlichen Herzens, iſt ſchlau, alles zu
erfahren, ernſt im Urtheil, und weiß aus ſeinen Erfahrungen allezeit ſichere Schlüſſe und
Folgerungen zu ziehen. Er entdeckt leicht, be-

merkt und faßt alles. Der Unwiſſende mag ſich noch ſo geſchickt hinter die Wand des Still: ſchweigens verſtecken, da gewiſſe Leute am wei: ſeſten ſind, wenn ſie ſchweigen; er wird ihn zu finden wiſſen. Der Heuchler mahle ſeine Mas: ke noch ſo ſchön, er wird ſie richtig vom Ge: ſicht unterſcheiden können. Der Betrug wird ſich ſelten rühmen können, aber noch viel we: niger die Unwiſſenheit, einen Mann von Ver: nunft hintergangen zu haben.

XLV.
Habe vor dir ſelbſt Achtung!

Man muß immer ſo leben, daß man nicht Urſache habe vor ſich ſelbſt zu erröthen, und die beſte Richtſchnur unſrer Handlungen iſt das Gewiſſen. Mehr als allen bürgerlichen und moraliſchen Geſetzen hat der Tugendhaf: te der eignen ſtrengen Aufſicht auf ſich ſelbſt zu danken. Er iſt tugendhaft, um es zu ſeyn, nicht nur weil es geboten iſt. Wer vor ſich ſelbſt Achtung hat, dem wird ſie auch von andern nicht verſagt werden,

XLVI.

Die Kunst, immer das beste Theil zu wählen.

Es giebt keine Vollkommenheit, bey der nicht immer noch zu wählen wäre. Man gelangt aber nur durch vielfältige Erfahrung dazu, das Beste zu wählen. Viele haben grossen Verstand, viele Wissenschaften, und wenn es auf die Wahl des Besten ankommt, so greifen sie nicht selten nach dem Schlimmsten, weil ihnen Erfahrung fehlt, die man auf der Studierstube sich nicht erwirbt.

―――

XLVII.

Laß keine Leidenschaft aufragen!

Derjenige hat es sehr weit gebracht, der allezeit Meister über sich selbst ist. Leidenschaften sind Krankheiten des Geistes. Wie physische Uebel den Mechanismus des Körpers zerstören, so schaden sie in dem nemlichen Grad der Seele und die Arzney würkt langsam, oft wohl gar nichts. Wird dieses Uebel vollends Herr über den Mund, den Dolmetscher des kranken Geistes, so ist die Gefahr um so grösser. Sich gleich bleiben im Glück wie in Widerwärtigkeiten, gewährt

daher unnennbare Vortheile und Ueber=
macht.

XLVIII.
Emſig und vernünftig!

Was die geſunde Vernunft für rathſam
hält, das führt der Fleiß mit Eifer aus.
Er übereilt ſich nicht, denn Uebereilung iſt
Sache der Thoren, die nirgends Hinderniſſe
und Gefahren ſehen und daher immer raſch
zufahren, immer mit Unbedachtſamkeit, nie
mit Ueberlegung handeln. Der Weiſe ver=
fährt langſamer, aber er kommt deſto gewiſ=
ſer zum Ziel. Indeß muß man ſich hüten,
daß die Bedachtſamkeit nicht in Zaudern aus=
arte, denn ein Zauderer verderbt alles. Erſt
überlegen, dann raſch handeln! Wenn ſich ei=
ne geſchickte Gelegenheit zeigt, ſo muß man
ſie zu ergreifen nicht auf Morgen verſchieben,
ſie könne indeß entwiſchen.

XLIX.
Herz im Leibe haben.

Wenn der Löwe todt iſt, ſo tanzen wohl
auch die Mäuſe auf ihm herum! — Herz=
hafte Leute laſſen ſich nicht lange auf der Na=

se spielen. Denn so gut und heilsam das
Nachgeben in manchen Fällen ist, so ist es
doch — wie ein neuerer Schriftsteller sagt
— nicht wie die Gottseligkeit, zu allen Din=
gen nütze. Je mehr man übersieht, se drei=
ster und unverschämter werden die Menschen.
Ein Weiser vermeidet Gelegenheit zu Hän=
deln, aber wenn er darin wider Willen gezo=
gen wird; so läßt er sich nicht ungestraft be=
leidigen. Manche werden freilich oft erst
spät zum Zorn gereizt, wenigstens zum sicht=
baren Ausbruch desselben, aber dann ist auch
ihre Rache um so auffallender und unbegränz=
ter. Die Natur hat der Biene nicht um=
sonst zum Honig den Stachel und dem Men=
schen zu aller Güte der Seele reizbare Ner=
ven gegeben. Es ist gut, wenn man mit
der Sanftmuth die Herzhaftigkeit weise zu
verbinden weiß, damit man nicht der Belei=
digung eines jeden schlechten Kerls zu allen
Zeiten ausgesetzt sey.

L.
Warten muß man!

Sich niemals ängstlich nach einer Sache seh=
nen, ist das Zeichen eines allezeit ruhigen
Herzens, und wer Herr über sich selbst ist,

der ists auch bald über andere. Der Raum der Zeit will mit Geduld durchlaufen seyn. Ungeduld verbittert das Leben und macht unsre Tage nicht besser. Endlich wird das Schicksal selbst erweicht und die Zeit richtet mit ihrer Krücke mehr aus, als Herkules mit der eisernen Keule. Das Glück belohnt oft diejenigen mit Wucher, die Geduld haben, seine Stunde zu erwarten.

LI.

Leute von Nachdenken sind am sichersten.

Eine Sache, die bestehen soll, darf nicht übereilt werden, und wenn ihre Dauer fest seyn soll, muß lange an ihr gearbeitet werden. Der Mann von Geist sieht an jeder Sache auf ihre Vollkommenheit, denn nur diese hat Bestand, und was gründlicher Verstand bildet, ist unvergänglich. Homers und Ossians Gedichte werden ewig bestehen, aber weder Fingal noch die Iliade sind in einer Nacht gesungen worden. Das kostbarste Metall kommt am langsamsten zu Stande, aber es ist auch das schwerste unter allen. Ehe Gold und Edelsteine im Schoos der Erde zur Vollkommenheit gelangen, können Jahrhunderte vergehen, aber dann verzehrt sie auch selbst das alles fressende

Feuer nicht. — Man kann durch künstliche Wärme in Gewächshäusern manche Pflanze zeitigen, aber wir wissen schon, wie lange ihre Existenz dauert. Leisewitz hat weislich geredet: „man frage nicht, wenn seine Geschichte des dreißigjährigen Krieges und Westphälischen Friedens erst herausgekommen, wie lange er daran gearbeitet habe, sondern ob sie auch vollkommen sey.„

Was bald wird, geht bald zu Grunde. — „Man sieht es deinen Gemälden wohl an” sagte Apelles zu jenem fixfingrigen, behenden Pinselmann, der sich rühmte, daß er schnell arbeite.

———

LII.
Sich nach den Leuten zu richten wissen.

Mancher verschwendet zuweilen Geschicklichkeit und Kräfte, und es ist warlich unnöthiger Aufwand. Bey einigen Gelegenheiten ist es nöthig, bey andern nicht. Man muß nur überlegen, wen man vor sich hat. Ein kluger Vogelsteller wirft den Vögeln nicht mehr zu fressen vor, als nöthig ist, um sie ins Garn zu locken, und zehn Würmer an der Angel des Fischers würden nichts weiter ausrichten, als was schon einer vermag. — Wer all seine Kunst gleich sehen läßt, dem wird es, wenn einst das Oel in der Lampe mangelt, früh an Bewunderern fehlen. Mache, daß du immer auf Morgen noch etwas zurück behältst, wie witzige Schriftsteller — wenn der Witz nicht Sucht geworden ist — zu thun pflegen, die immer weniger sagen, als sie könnten, und lieber dem Leser etwas zu denken übrig lassen. Wer diese Kunst versteht, von dem glauben die Leute, daß seine Fähigkeit ohne Grenzen sey.

LIII.
Suche glücklich zu enden!

Es ist nicht genug, in den Tempel des Glücks einzugehen, denn nahe dabey liegt die Wohnung des Verdrusses und der Weg durch jenen, führt nicht selten in diese. Es ist besser wohl heraus, als im Triumph hineingehen. Mancher vom Glück begünstigter hatte einen glänzenden Anfang, aber ein sehr klägliches Ende: Das Glück lächelt freundlich und süße bey seiner Ankunft, aber Wuth flammend ist sein Gesicht, wenn es uns verläßt und je grösser das Frolocken des Volks von Anfang war, desto

sto lauter schallet sein Hohngelächter am Ende.

Der Kluge verliert nie das Ziel aus den Augen, daß er wohl ende. Jener Rö= mer, der all seine Ehrenstellen erhielt, ohne sie zu verlangen, legte sie auch wieder nieder, ehe jemand daran denken konnte, sie ihm ab= zufordern. Ehe das Glück sich zurückzieht, hat der Weise lange schon sich selbst zurück gezo= gen. Wenigen Auserwählten wurde es zu Theil, daß der Himmel selbst für ihr glückli= ches Ende sorgte. Moses verlor sich und Eli= as wurde gen Himmel lebendig aufgenom= men.

———

LIV.
Ein guter natürlicher Verstand.

Wer mit gutem natürlichem Verstande gebo= ren wird, der — wie Cominäus sagt — aller Wissenschaft vorgeht — tritt, vermöge seiner natürlichen Neigung sogleich auf den Weg der Weisheit und hat schon vieles über= wunden. Zeit und Erfahrung machen die Ver= nunft reif und so ein Mensch erreicht endlich den höchsten Gipfel des Verstandes. Er ver= achtet den Eigensinn und scheut sich vor ihm, besonders in Staatsgeschäften, die mit Verstand und Behutsamkeit betrieben seyn wollen. Er ist für kein Geld zu erwerben und wer ihn besitzt, den hat die Natur bey seiner Sendung auf diese sublunarische Welt reichlich ausgestattet. Er liebt keine Winkelzüge, sondern handelt schlicht und gerade. Er sieht den Wirrwarr der Dinge schnell und leicht, und wird schwerlich irre geführt, denn er weicht nicht vom Pfade der Natur.

LV.
Der Erste, der Beste.

Wenn dasjenige, das den Vorzug hat, noch dazu vortreflich ist, so ist es doppelt vollkommen. Viele wären in ihrer Kunst ausserordentlich gewesen, wenn sie nicht Vorgänger gehabt hätten. Das Genie liebt daher das Bahn brechen, und wählt allezeit seinen eigenen Weg, denn wer auf eines andern Pfad wandelt, kann es nie ganz verwehren, daß man ihn nicht für einen Nachahmer halte, gesetzt daß er auch noch so viel eigenes haben sollte. Es giebt Wege genug, unsterbliche Thaten zu thun, und jeder hat dazu in seiner Sphäre Gelegenheit, aber sie sind nicht alle geebnet. Allein je schwerer es auf einem solchen Wege zu wan-

deln ist, desto mehr Ehre kann man sich erwerben. Es giebt Leute, die in der ersten Klasse
hinter andern mit Ruhm stehen könnten, allein
sie zeichnen sich lieber durch Bizarrerien aus,
um die ersten in der Zweyten zu seyn, wie jener spanische Maler, der lieber à la Grotes-
que mit groben Strichen malen wollte, um
nicht mit seinen Feinheiten hinter Raphael und
Titian zu stehen.

LVI.
Hüte dich vor Gram und Verdruß!

Diese Lehre ist so zu sagen die weise Frau und
Hebamme von jedem Glück des Lebens. Wer
bösen Zeitungen gern die Thür öfnet, macht
sich beständigen Gram und Verdruß und ist
dem Eiteln ähnlich, der nur Schmeicheleyen hören will. Gewöhnt man sich erst zu solch einer
übeln Laune, so ist jede Freude des Lebens zerstört und das Mark der menschlichen Bestimmung bis auf den Grund ausgesogen. Derjenige ist glücklich, der sich alle Dinge, so viel
wie möglich, rosenfarb malt. Guter Muth
erzeugt viel Tugenden, aber Gram und Verdruß machen träge, eine einzige auszuüben.

LVII.
Ein kluger Sinn.

Der kluge Sinn ist mir jenes richtige und schnelle Gefühl, jeder Sache auf den Grund zu sehen und Schönheit und Häßlichkeit nach all ihren Graden sicher zu bestimmen. Dieser Sinn nimmt eben sowol zu, als der Verstand. Man glaubt von dem, der die Fehler einer Sache leicht bemerkt, und daher Abneigung gegen sie hat, daß er grosse Fähigkeiten besitze. Grosse Fähigkeiten aber lassen sich nur durch grosse Objekte vergnügen. Oft bewundert die staunende Menge eine Sache, als höchst vollkommen, wo der kluge Sinn nur Mittelmäßigkeit und Fehler sieht. Der Adler kann mit unverwandtem Auge in die Sonne schauen, da hingegen die armselige Schnacke sich am Glanz einer Kerze verblendet. Der Sinn bildet sich nach Leuten, mit denen man umgeht, es wird also sehr nothwendig seyn, daß derjenige, der sich hierinn vollkommen machen will, nicht mit stumpfsinnigen Menschen umgehe. — Indeß da dieser scharfe Sinn leicht Fehler findet, ist es nöthig, die Klippe zu vermeiden, an der man scheitern könnte: — alles fehlerhaft zu finden. Dies ist Thorheit, und eben so viel als ob man einen ganz verdorbe-

nen Geschmack hätte. Es giebt solche Tadler,
die es nicht ungerne sehen würden, wenn Gott
seine schöne Welt anders machte, und zwar
so, wie das Bild in ihrer Phantasie steht.

LVIII.
Prüfe deine Kräfte, ehe du etwas be-
ginnst!

Die meisten Menschen sehen nicht darauf, wie
eine Sache betrieben worden ist, sondern nur
was für einen Ausgang sie genommen hat. Wer
sie glücklich hinaus gebracht hat, braucht die
Mittel nicht anzugeben, deren er sich bedient
hat. Ursachen und Umstände, die etwas befördern oder hindern konnten, zu untersuchen, ist
nicht Jedermanns Geschmack. Man muß also,
wenn man etwas ausführen will, seine Kräfte
erst recht wohl prüfen, ob man es auch glücklich zu enden im Stande sey. Oft krönt die
Menge den glücklichen Ausgang eines Werks,
wenn man sich auch nicht der erlaubtesten Mittel dazu bedient hat, und verdammt das beste
Unternehmen, wenn es unglücklicher Weise vor
dem Ende scheiterte.

LIX.

Einen etwas lehren ist besser, als nur an
etwas erinnern.

Zuweilen darf man eines Dings, gleichsam
als etwas Bekanntes, nur wieder erinnert werden, manchmal aber muß man sich erst vollständig davon unterrichten lassen. Einige Menschen thun deswegen keine grosse Thaten, weil
sie nicht darauf denken, und bey diesen thut
Erinnerung gute Dienste. Besser ists freylich,
wenn ein Mensch immer selbst denkt, was zu
thun sey. Thut ers nicht, so muß ein anderer
ihm in der Finsterniß mit seinem Lichte leuchten,
und er muß dem Schein desselben folgen. Hat
jener ihm seine Fehler gezeigt, so muß er ihn
auch lehren, die Sache selbst anzugreifen, denn
oft erhält man blos darum nichts, weil man nichts
versucht hat. Darum ist lehren vorzüglicher, als
erinnern, weil man aus dem Lehrling so zu reden erst den thätigen Mann macht, da hingegen derjenige, der blos erinnert werden darf,
nur aus dem Schlummer gerüttelt wird.

LX.

Gieb keiner gemeinen Neigung Raum.

Selbsterkenntniß ist der erste Grad der Besserung, und wer seine Unarten bald auszureuten weiß, zeigt, daß eine herrliche Seele in ihm wohne. Man muß seine Neigungen erst kennen, dann bessern. Im Gegentheil bist du denen zur Last, die mit dir umgehen müssen, und verirrest dich immer weiter vom Wege der Tugend. Aber wer nicht fähig ist, sich zu kennen, vermag auch nicht, sich zu bessern.

LXI.

Die Kunst, etwas mit Art abzuschlagen.

Zu gut, ist auch nicht gut! Wer immer aller Menschen gehorsamer Diener seyn will, und immer alles thut, was man von ihm verlangt, schadet sich selbst und wird leicht gemißbraucht. Man muß daher das Herz haben, auch etwas zu verweigern. Die Kunst, abzuschlagen ist eben so groß, als die Kunst, zu bewilligen. Beydes muß mit einer gewissen Art geschehen, die sich eher fühlen als beschreiben läßt. Wer diese Kunst versteht, dessen Nein wird oft besser aufgenommen,

als anderer Ja. Man muß selten etwas ge=
radezu abschlagen, sondern es so einzukleiden
wissen, daß es nicht zu hart auffällt. Man
kann zuweilen sogar dem Bittenden noch ei=
nige schwache Hofnung übrig lassen, damit er
sich gewöhne, nicht zu verzagen, wenn sie
auf einmal fehl schlägt. Kannst du einem
nicht zu Gefallen leben, so sey wenigstens
freundlich gegen ihn und ersetze mit liebrei=
chen Worten den Mangel der That. Ja und
Nein ist bald ausgesprochen, aber ihr Ge=
wicht ist so groß, daß man sich lange beden=
ken darf, ehe man diese einsylbigen Wörter
ausspricht.

LXII.

Aendere deine Verfahrungsart nicht leicht.

In diesen Fehler wird ein weiser Mann nicht
so leicht verfallen, denn er hat zu sehr über=
legt, wie er handeln will, als daß er in der
Art und Weise seines Verfahrens öfters Ver=
änderungen vornehmen sollte. Alles ungleiche
Verfahren ist gegen die Klugheit, es wäre
denn, daß Zeit und Umstände nothwendig an=
dere Maßregeln erforderten. Es giebt Leute,
so unbeständig, wie das Wetter im April.
Was gestern bey ihnen ein freundliches Ja

war, ist heute ein mürrisches Nein. Täglich ändern sie ihr Verfahren, wodurch denn
andere gezwungen werden, ebenfalls die gute
Meynung, die sie erst von ihnen hatten, zu
ändern. Solche Leute sind zum Genuß der höchsten Glückseligkeiten des Lebens — zu den Freuden der Freundschaft und der Liebe ganz unfähig.

LXIII.
Der Mann von schnellem Entschluß.

„Es ist nichts erbärmlichers in der Welt, sagt
Göthe, als ein unentschlossener Mensch, der zwischen zwey Empfindungen schwebt, gern beyde vereinigen möchte, und nicht begreift, daß
keine andere Vereinigung ihrer möglich ist,
als eben der Zweifel, der Unruhe, die ihn
peinigen.” — Wer sich zu nichts entschlie-
ßen kann, ist weit schlimmer, als der, der etwas übel ausführt. Es giebt Dinge, die keinen Aufschub leiden, und in Absicht dieser hat
Tacitus sehr richtig bemerkt, ist manchmal
Verwegenheit besser, als noch so viele kluge
Berathschlagung. Manche Menschen thun
schlechterdings nichts, wenn sie nicht von andern gleichsam mit Haaren dazu gezogen werden.
Wer sich aus Schwierigkeiten schnell heraus
finden kann, zeigt Verstand, aber derjenige

noch mehr, der sich hurtig entschliessen kann.
Diejenigen sind zu grossen Dingen geboren,
die sich in jeder Sache schnell zurecht finden;
vermöge ihrer lebhaften Einbildungskraft und
der Festigkeit ihres Verstandes sehen sie leicht
etwas ein, und führen schnell aus. Was
unter ihre Hände kommt, ist so gut, als ge=
than. So ein Mann kann einer ganzen
Welt Gesetze vorschreiben, er ist seines Glücks
Meister und kann alles getrost unternehe=
men, die Ausführung wird ihm selten oder
nie fehlschlagen.

LXIV.

Die Kunst, Entschuldigungen zu finden.

Kluge Leute helfen sich oft durch ein einziges
Wort aus dem gefährlichsten Labyrinth, und
entgehen mancher Gefahr durch ein freundli=
ches Lächeln. Ein zweydeutiges Wort kann
ein Nein aufs geschickteste verstecken und es ist
in vielen Fällen sehr zu rathen, daß man
nicht gar zu deutlich rede. Der gerade, bie=
dere, deutsche Ton findet so wenig bey der
jetzigen Welt Eingang! Wir haben von den
Franzosen das viele Wortmachen gelernt, und
mittelst ihrer Komplimente darf man unge=
ahndet etwas abschlagen, was im treuherz=

gern deutschen Ton gesagt, sehr übel genom=
men werden würde.

LXV.

Nimm jedermann freundlich bey dir auf!

Viele Menschen ahmen gar lange Zeit jenen
Pabst nach, der gebückt ging, bis er die
Schlüssel Petri gefunden hatte. Haben sie
erst in irgend einer Ehrenstelle festen Fuß ge=
faßt, dann verschwindet die vorige Freundlich=
keit und alles gefällige Wesen, und Hochmuth
bemächtigt sich ihrer Seele. Wenn ein Mann
schwer zu sprechen ist, so ist nicht allezeit die
Menge seiner Geschäfte Schuld, sondern man
darf meistens ziemlich sicher rechnen, daß ihm sein'
hoher Posten den Kopf verrückt habe. Allein
dies ist nicht das rechte Mittel, sich beliebt zu
machen, wenn man andere entweder gar nicht
vor sich läßt, oder sie derb anschnaubt. Je
höher der Mann sieht, desto fürtreflicher ziert
ihn Gefälligkeit und liebreiches Betragen. Er
erwirbt sich Achtung und Zutrauen, da hinge=
gen, wenn er mürrisch, stolz, auffahrend und
hart ist, wird jeder seinen Umgang fliehen, und
es wird ihm an Gelegenheit fehlen, weiser zu
werden. Man wird sich ihm mit Furchtsam=
keit nahen und vor seiner hohen Miene zurückb=

ben. Aber warlich, es ist süsser, geliebt, als
gefürchtet werden.

— — —

LXVI.

Ahme Vollkommenheit nach; — noch mehr,
suche sie zu übertreffen.

Wer in einer Kunst, oder Wissenschaft, oder
einer Tugend, es zu grosser Vollkommenheit
gebracht hat, dem folge, und wo möglich, suche ihn zu übertreffen. Es ist schön und eh-
renvoll nach solch einem glänzenden Ziel zu streben, und wenn auch deine Kräfte ermatteten
und du auf halbem Wege müßtest liegen bleiben;
so hast du doch etwas gethan, das der Würde
der Menschheit entspricht. Alexander weinte
nicht sowol über Achilles Tod, sondern daß er
in Vergleichung mit ihm noch so wenig in der
Welt war.

— — —

LXVII.

Sey nicht immerfort lustig!

Kluge Leute sind ernsthaft und ernsthafte Menschen werden immer höher geachtet, als diejenigen, die immerfort lustig sind. Es ist ein
Zeichen eines grossen Leichtsinns, wenn man immer lacht und die Lustigmacher sind in Ge-

sellschaft die unerträglichsten Kreaturen. Es
gehört viel feiner Witz dazu, wenn derjenige
nicht ermüden und ekelhaft werden soll,
der eine Gesellschaft mit Scherz unterhalten
will. Man witzelt sich aus, und fällt am Ende ins Plumpe und Pöbelhafte, wie die Bettel-
mönche, die privilegirten Spaßmacher in der
katholischen Kirche. Der allezeit fertige Scherz
ist eben so verdächtig, als die Lüge. So wie
man dem Lügner endlich auch die Wahrheit nicht
mehr glaubt, so denkt man nicht mehr daran,
daß ein Spaßmacher auch zuweilen ein vernünf-
tiges Wort reden könne. Scherz muß gebraucht
werden, wie das Salz an den Speisen. Die
rechte Portion macht schmackhaft, zu wenig
oder zu viel aber verderbt alles. Der Weise ist
darum kein Murrkopf, er lächelt auch, aber mit
Maaße und bedenkt, daß Horaz gesagt hat.
Dulce est desipere in loco.

LXVIII.
Schicke dich in die Leute.

Das beste Mittel sich die Leute verbindlich zu
machen und ihre Herzen zu gewinnen, ist, daß
man sich ihnen — so viel als thunlich ist —
gleich stellt. Aehnlichkeit der Gesinnungen
und Sitten ist nach dem jüngern Plinius sogar

das stärkste Band der Freundschaft. Unstrei=
tig hat auch Salomo dahin gezielt, wenn er
sagte: „Antworte dem Narren nach seiner Narr=
heit!” denn er wußte wohl, daß der Narr
nichts Kluges ertragen kann. Und so ists über=
all. Rede mit dem Gelehrten von Wissen=
schaften, mit dem Kaufmann von Wechsel und
Handlung, mit den Weibern von Putz und Bän=
dern, mit Mädchen von ihrer Schönheit, mit
dem Krieger von Schlachten, von Ackerbau
und Viehzucht mit dem Bauern und alle wer=
den dir hold seyn. Sey frölich mit den Frö=
lichen und weine mit dem Traurigen! ——
Wer von andern Menschen abhängig seyn muß,
kann diese Kunst gar nicht entbehren. Sie ist
schwer, doch demjenigen in der Ausübung am
leichtesten, der viel in der Welt aufmerksam be=
obachtet, nach allem sich erkundigt, vielerley
gelernt und erfahren hat.

LXIX.

Die Kunst, etwas zu rechter Zeit zu un= ternehmen.

Der Weise denkt, ehe er handelt, aber der
Thor fährt unbedachtsam zu, und weil er nicht
weiß, was er zuerst am nöthigsten thun soll,
so erkennt er auch die Fehler nicht, die er be=

geht. Der Weise möchte öfters gerne handeln, allein die rechte Zeit ist dazu noch nicht vorhanden und er weiß, daß es eine übrige Arbeit sey, den Apfel brechen, ehe er reif ist. Daher fängt er mit Behutsamkeit an, wägt und prüft seine Gedanken, die Umstände, die ihn fördern oder hindern könnten und wartet den Zeitpunkt ab, in welchem er ohne Gefahr vorwärts schreiten kann. Die Verwegenheit ist wol manchmal glücklich, aber sie ist eine sehr mißliche Begleiterin. Wer durch einen Fluß setzen will, thut sehr unrecht, wenn er nicht zuvor nach der Tiefe desselben forscht. Im Meer der großen Welt giebt es viele Klippen und Sandbänke, wehe dem, der es beschift, wenn er das Senkbley zu Hause läßt. Mancher General hat eine Schlacht verloren, weil er zu hitzig war, und nicht den rechten Zeitpunkt abwartete. Mancher, der eine Verbesserung stiften wollte, drang nicht durch, weil er zu wenig vorbereitete und zu früh kam. Allein eben so wenig muß man zu spät kommen. Es taugt in der That nichts, den Stall zu schliessen, wenn die Kuh bereits gestolen ist.

LXX.

Ein fröliches Herz ist ein tägliches Wohlleben.

Geist und Körper gewinnen ohne Streit ungemein vieles durch mäßige Frölichkeit. Man
handelt noch eins so leicht, arbeitet mit Muth
und Erfolg, ist zufrieden mit sich selbst und mit
andern. Ein fröliches Herz kann nicht sehen,
daß jemand traurig sey und wird sich alle Mühe geben, die Noth seines Nebenmenschen zu
lindern. Wohlthätigkeit ist eine schöne Tugend,
und wie ehrwürdig also die Quelle, aus der
sie so oft strömt! Ein griesgrämiger, ärgerlicher
Mensch, wird sich und andern zur Pein. Er
wird nicht nur keine Freude schaffen, sondern
wird sie so gar zerstören, wo er sie findet.
Ihm ist Gutes thun keine Wonne und ohne Gefühl kann er den Leidenden verschmachten sehen.

Der Fröliche ist nicht so leicht aufzu-
bringen, als der Verdrüßliche. Ein unschuldi-
ges Wort, harmlos und ohne Absicht gesprochen, kann diesen in Wuth setzen und zu Pro-
zessen ohne Ende verleiten! aber jener sieht
manches an, als im Scherz gesagt.

Tugend und Freude
Sind ewig verwandt,
Es knüpfet sie beyde
Ein himmlisches Band.

LXXI.

LXXI.

Laß dich sorgfältig unterrichten!

Unser ganzes Leben geht fast einzig und allein damit hin, daß man sich unterweisen läßt und lernt. Sehen ist bey weitem nicht genug, sondern wir müssen auch hören, was andere sagen, und so wie das Gehör eine Pforte der Wahrheit ist, so ists auch ein Thor der Lügen. Selten kommt uns die Wahrheit rein vor, besonders wenn wir sie durch die dritte und vierte Hand bekommen. Jeder streicht ihr eine eigene Farbe an, bey dem sie vorüber geht, so daß sie zuletzt wie ein aus allerhand Zeugen zusammengeflickter Bettlersmantel aussieht. Es kommt also ungemein vieles darauf an, daß wir von den Dingen dieser Welt gleich recht und vollständig unterrichtet werden, sonst gerathen wir in unaussehbare Labyrinthe. Gewöhne dich früh, deine Sinne zu gebrauchen, damit du allezeit das Wahre vom Falschen, das Gute vom Bösen und das Wichtige vom Unwichtigen unterscheiden kannst.

———

Kunst zu leben. E

LXXII.

Suche von Zeit zu Zeit deinen Ruhm zu erneuern.

Es ist wohl gut, sich durch Verdienst und Tugend auszuzeichnen, und so sich den Weg zur Unsterblichkeit zu bahnen; allein das glänzendste Verdienst und die erhabenste Tugend wird zuletzt alt und der Ruhm, der sie begleitete, mit. Was man alle Tage sehen kann, wird man zu sehr gewohnt, als daß man es noch bewundern sollte. Wenn eine neue Vollkommenheit, die man sich erwirbt, auch der alten an Treflichkeit weit nachsteht, so erhält sie doch Bewunderer, weil sie neu ist. Der Mensch braucht von Zeit zu Zeit Erinnerung und Erweckung, wenn er das alte nicht ungerecht vergessen soll. Wenn die Sonne bey einem aufsteigenden Gewitter sich hinter die schwarzen Gewölke versteckt, so sehnt sich alles nach ihrem Anblick und dankt, wenn sie aufs neue in ihrer Glorie an der blauen Straße des Himmels einherzieht, als ob sie nie da gewesen wäre.

LXXIII.
Weder zu viel, noch zu wenig.

Ein alter Weiser setzte die ganze Summe der Weisheit in das: Nichts zu viel thun. Gar zu strenge Gerechtigkeit kann zuletzt in Tyranney und Ungerechtigkeit, so wie zu viele Güte in Weichlichkeit und Schwäche ausarten. Der Verstand und alle Seelenkräfte des Menschen erschlaffen bey zu starker Anstrengung, so wie die Pomeranze, welche zu heftig gedrückt wird, endlich einen bittern Saft von sich giebt. Es ist eine oft gesagte Wahrheit, die aber eben so oft vernachläßigt wird, daß die Mittelstraße die goldne sey. Vielleicht ist es auch in den vorhergehenden Bogen dieses Sittenbüchleins schon gesagt worden und mag auch hier stehen, weil man an eine gute und nutzbare Wahrheit unmöglich zu oft erinnern kann.

LXXIV.
Lerne dich deiner Feinde mit Vortheil zu bedienen.

Wer ein Schwerdt bey der Scheide angreift, kann sich gar leicht im Ausziehen die Hand ver-

E 2

letzen; so behutſam muß man auch ſeine Feinde
anfaſſen. Der Weiſe zieht ſelbſt von ihnen
wahren Nutzen. Von Schmeichler'n und
Scharrfüßlern wird man nie Wahrheit zu hö‑
ren erwarten können, aber unſer Feind ſpäht
nach dem kleinſten unſrer Gebrechen und ruft es
auf offenem Markt aus. Pythagoras hatte
wol Recht, zu ſagen: wer tugendhaft werden
wolle, müſſe entweder recht treue Freunde, oder
ſehr bittere Feinde haben. Schmeicheley iſt
grauſamer, als Haß. Jene bemäntelt unſre
Fehler, und hindert uns an der Selbſterkennt‑
niß, welches die erſte Stufe zur Tugend und
wahren Weisheit iſt, dieſer deckt ſie auf, und
macht, daß wir uns unparteyiſcher prüfen und
uns beſſern. Der Weiſe nutzt den Haß ſeiner
Feinde als einen Spiegel, der ihm ohne Heu‑
cheley ſeine Gebrechen darſtellt, beſſert ſich und
weicht der Verläumdung aus.

LXXV.
Mache dich nicht zu gemein!

Das allervortreflichſte wird gemißbraucht und
verachtet, wenn man es zu oft gebraucht.
Was man Anfangs mit groſſer Begierde ſuchte,
wird oft bald zuwider und vergeſſen. Dieſer
Eckel iſt der Wurm, der an aller Vollkom‑

menheit nagt. Was man hingegen selten sieht, behält den Reiz der Neuheit und wird geschätzt. So geht es auch den Menschen. Je mehr der Weise sich der Gesellschaft entzieht, desto mehr wird er gesucht. Alles an sich halten ist nützlich, und giebt grösseres Ansehen. Die verschleyerte Schöne erweckt weit mehr Begierde, als diejenige, die immer öffentlich ihre Reize zur Schau trägt. Wer nur etwas von seinen Vollkommenheiten sehen läßt, und sich darüber zu rühmen verbietet, erregt die Hofnung, daß er noch viel grössere verborgen haben müsse, weil er diese für klein achte.

LXXVI.

Suche dich vor Verläumdung zu sichern!

Hat der Pöbel viel Köpfe und Zungen, so hat er doch noch mehr Augen. Diese spähen unaufhörlich nach Fehlern, damit die Zunge Stoff habe, sie zu vergrössern, denn ohne dies geht es nicht ab. Ist der gute Name aber einmal verletzt, so braucht es viele Zeit, sich wieder in Credit zu setzen und oft ist es unmöglich, denn über einen einzigen wahren oder scheinbaren Fehler werden tausend Tugenden und Vollkommenheiten übersehen. Ein böser Name ist weit leichter als ein guter zu bekom-

men, denn der gröſte Theil der Menſchen iſt
bösartig genug, eher Fehler als Vollkommen;
heiten zu glauben. Ein Weiſer ſucht alſo Lä;
ſterungen vorzubeugen, beſonders da dieſes viel
leichter iſt, als ihre Wirkungen zu zerſtören.

LXXVII.

Suche deine Talente zu verbeſſern und zu erhöhen!

Der uncultivirte Menſch grenzt zum nächſten
an das Thier, aber die Kräfte unſrer Seele
ſind uns nicht gegeben, daß wir ſie verſchlafen
laſſen, ſondern um ſie in Thätigkeit zu ſetzen;
erſt dann verdienen wir den Namen Menſch
würdig. Durch fleiſſige Pflege der ſchönen
Künſte und Wiſſenſchaften werden, wie Vater
Horaz lange ſchon angemerkt hat, unſre Sit;
ten milder und unſere Herzen edler. Hat man
erſt einige Schritte zur Vollkommenheit gethan,
ſo wär' es warlich ſehr unrühmlich, wenn man
ſtehen bleiben und nicht weiter vorrücken wollte.
Es iſt menſchliche Beſtimmung, immer höher
zu klimmen und wer ſeine Talente zu erhöhen
unterläßt, der gleicht jenem unklugen Haushal;
ter, der die Summe vergrub, mit der er Zin;
ſe gewinnen ſollte.

LXXVIII.
Sey nicht zaghaft im Ausführen.

Ein grosser Mann muß bey keinem Verfahren
zaghaft seyn und in Dingen, die nicht gar angenehm sind, nicht allzutief nachgrübeln. Der
Weise überlegt, aber er calculirt nicht zu ängstlich. Wenn er die Umstände einer Sache genau erwogen hat, so fängt er alsdann das
Werk mit Freuden an, und es gelingt. Zaghaftigkeit kann viel gutes zerstören, oder männ-
licher und fester Muth besiegt die grösten Schwierigkeiten.

LXXIX.
Lerne dein natürliches Geschick, dein Herz und deine Leidenschaften vollkommen kennen.

Wer sich selbst nicht gründlich kennt, wird nie
Herr über sich selbst werden. Man kann wohl
sein Gesicht, nicht aber sein Herz im Spiegel
sehen und nichts als eine ernstliche Selbstprü-
fung kann die Stelle des Spiegels vertreten.
Ehe du etwas ausführen willst, so prüfe deine
Kräfte, ob sie's auch vermögen. Untersuche
ob du Geschicklichkeit genug habest, dich auf
etwas einzulassen. Erwäge die Stärke und

Schwäche deiner Leidenschaften, damit sie dir nicht unangenehme Querstriche machen. Ohne eine solche ernstliche Untersuchung deiner selbst, wirst du nicht leicht etwas glücklich hinausführen.

LXXX.
Ein Mittel lange zu leben.

Willst du lange leben, so lebe weise und tugendhaft, denn Thorheit und Bosheit verkürzen die Tage. Einige sind um ihr Leben gekommen, weil sie es nicht zu erhalten verstunden, andere, weil sie es nicht erhalten wollten. So wie die Tugend ihre Verehrer durch sich selbst belohnt, so foltert das Laster auch seine Sklaven und der Lasterhafte zerstört Gesundheit und Leben frühe. Der Tugendhafte ist unsterblich, wenn nicht dem Leibe nach, so ist doch sein Ruhm unvergänglich. Reinigkeit der Seele wirkt auch auf den thierischen Körper und edel leben heißt lange leben.

Wer edel lebt, hat doch, stürb er auch frühe,
Jahrhunderte gelebt!

LXXXI.
Handle muthig und unerschrocken!

Wenn du mit einem andern zum gleichen Ziele lauffst, und du bist zaghaft oder äufferst die Sorge zu straucheln, so wirst du ihm dadurch deine Schwäche verrathen. Wenn du während des Wettlaufs zweifelst und furchtsam bist, so ermatten deine Kräfte, und es wäre dir besser, du wärest davon geblieben. Klugheit liebet die Sonne des Tages und weicht gerne der Dunkelheit aus. Eine That, die furchtsam ausgeführt wird, kann unmöglich wohl gelingen. Wenn so gar diejenigen Handlungen, welche die Vernunft billiget, zuweilen fehlschlagen, um wie viel mehr müssen es die, wo sie zweifelt und wo Furcht und schlimme Ahndung Schranken setzen?

LXXXII.
Die unerschöpfliche Fähigkeit.

Wer die Kunst versteht, sich so zu verbergen, daß man seiner Geschicklichkeit nicht so bald auf den Grund sieht, wird sich leichter als ein anderer in Ehre und Ansehen erhalten können. Die Meynung, daß sie sich noch viel weiter erstrecke, als man sehen kann, erhält ihn beständ;

dig in Achtung, die aber leichtlich fällt, wenn man die Grenzen seines Wissens bestimmen kann. Der Weise von Mytilene, der Philosoph Pittacus, hatte daher gewissermassen vollkommen recht, zu sagen, die Hälfte sey mehr als das Ganze, weil es besser ist eine Hälfte zeigen und die andere zurück zu behalten, als sich blos zu geben. Oft wird daher wenig für viel und vieles für wenig angesehen.

LXXXIII.
Unterhalte die Hofnung anderer!

Hat man die Menschen zu irgend einer Hofnung von sich berechtigt und dann auch gezeigt, daß sie nicht vergebens gewesen sey, so muß man damit nicht aufhören, sondern fortfahren, ihr fleissig Nahrung zu geben. Es sey dir nicht genug, eine rühmliche That zu thun, sondern du mußt diejenigen, deren Augen auf dich gerichtet sind, hoffen lassen, du könntest noch weit mehrere thun. Theile deine Kräfte ein, wie ein fleissiger Hausvater seine Gelder, und spare immer etwas auf den Nothfall, damit dich und andere, wenn er eintritt, nicht der Mangel treffe.

LXXXIV.
Das Gewiſſen.

Das Gewiſſen iſt der Thron der Vernunft und die Grundfeſte der Klugheit. Derjenige iſt vor allen Irrgången des Lebens geſichert, der nichts ohne Rath und Beyfall deſſelben vor: nimmt. Es iſt ſo ſcharfſichtig, daß es ſelten betrůgen wird, wenn man nur aufrichtig zu Werke geht und nie unterláßt, es zu fragen. Der Menſch könnte in manchen Fållen dies und das leicht entbehren, aber das Gewiſſen niemals. Es iſt der beſte Freund, der treuſte Rathgeber und ſein Einfluß iſt groß, in allen Dingen des Lebens. Es wird allezeit das Be: ſte und Billigſte wåhlen, und es wůrde nie eine bôſe That unter der Sonne geſchehen, wenn man das Gewiſſen immer wachſam erhielte.

LXXXV.
Die Kunſt, einen groſſen Namen zu erwer: ben und zu erhalten.

Ein groſſer Name wird durch gute und glån: zende Thaten erworben. Es koſtet viele Můhe, aber vielleicht iſt die Erhaltung deſſelben mit noch gröſſern Schwierigkeiten verknůpft. Eine einzige unbedachtſame Handlung, das iſt genug, um sich in Pasquillen persiflirt und an die Schandsäule angeschlagen zu sehen. Der Haß lauert ohnedas am ersten auf Menschen, die sich durch Verdienste auszeichnen. Wer also einen grossen Namen erworben hat, der sehe wohl zu, daß er nicht aufhöre, ruhmwürdige Thaten zu thun, oder durch eine einzige schlechte, die vorigen guten zu schänden. Nur der gute Name, der auch erhalten wird, ist wesentlich vollkommen. Alles übrige ist flüchtiger Ruhm, der wie eine glänzende Lufterscheinung eine kleine Weile leuchtet, dann bald verschwindet und keine Spur seines Daseyns hinter sich läßt.

LXXXVI.
Von der Verstellungskunst.

Die alte deutsche Redlichkeit forderte diese Kunst nicht, da sprach der Mensch wie er dachte, und handelte wie er sprach; aber nun ist eine andere Welt, wo Treuherzigkeit nicht mehr gangbare Münze ist. Wer im Umgang mit der heutigen Welt nicht recht wohl auf seiner Hut ist, setzt sich nicht nur aus, daß er für einen Einfaltspinsel gehalten, sondern daß er auf allen Schritten und Tritten betrogen wird.

Leidenschaften sind Lücken der Seele. Wer sich diese ausspähen läßt, darf seinem Feind ohne weiters gewonnen Spiel geben. Wer des andern Leidenschaften und schwache Seiten kennt, wird allezeit da den Angrif machen, und sicher den Sieg davon tragen. Es ist also Regel der Klugheit, diese zu verbergen und wer dies vermag, herrscht über sich und über andere zugleich. Der Verwitz späht unaufhörlich, man muß also stets mit Vorsicht und Ueberlegung handeln. Ein weises Mißtrauen, wenn es nur nicht ausartet, ist Schutzwehre wider die menschlichen Bosheiten, aber Unklugheit ists — aufs gelindeste gesagt, — ohne Behutsamkeit jedem sich blos geben, damit wie mit einem Ball mit unserm Herzen gespielt werden könne.

LXXXVII.
Scheinen und Seyn.

Selten wird eine Sache für das gehalten, was sie wirklich ist, sondern für das, was sie scheint. Die meisten Menschen bleiben nur an der Aussenseite eines Dings kleben und nur wenige dringen in den Geist und Kern derselben hinein. Es ist also rathsam, daß man nicht nur gut sey, sondern man muß es auch schei-

nen. Hat man bey einer Handlung die vor-
treflichste Absicht und sie hat ein schlimmes Ansehen, so verliert sie ein groß Theil ihres
Werths, und wenn sie noch so gut wäre. Jeder sieht, was man zu seyn scheinet, aber
was man in der That ist, das vermögen nur
die wenigsten zu erkennen.

LXXXVIII.
Beurtheile mehr dich selbst, als andere.

Der Kluge findet immer genug an sich selbst
zu verbessern, daher kommt es, daß er sich so
wenig auf Beurtheilung anderer einläßt und ihre Gebrechen rügt. Er weiß es gar zu gut, daß
nur der Eigensinn der Menschen oft diese Sache gut, und jene böse macht; aber ein Thor
will, daß alles nach seinem Kopf gehe. —
Was du thust, mußt du vor deinem eigenen
innern Richter verantworten können, und kannst
du das, so sey unbekümmert um den Ab- oder
Beyfall der Menge. Ists gut und löblich,
was du thust, so werden auch Weise dir zuru-
fen: so fahre fort, mein Sohn! Blicke fleiß-
sig in dein Herz und je mehr du es zu ergrün-
den suchst, desto mehr wird dir verbesserungs-
werth scheinen. Je mehr du deine Kenntnisse
erweiterst, desto mehr Lücken werden sich dir

offenbaren, und du wirst finden, daß jener nicht mit Unrecht ausrief: O quantum est, quod nescimus! — Ein ganzes Leben ist bey weitem nicht hinlänglich, in dieser Erforschung seiner selbst grosse Schritte zu thun, warum mögen wir doch so thöricht seyn, den Splitter in des Nächsten Auge uns immer irren zu lassen und den Balken in unserm eigenen darüber zu vergessen!

LXXXIX.

Es müssen gute Beine seyn, die gute Tage ertragen können.

Allzuviel Wohlleben erzeugt Unordnung im Körper und Krankheiten sind die gewöhnlichen Folgen desselben. Wie im physischen, so ist's auch im moralischen. Es können nur wenige Menschen grosses Glück ertragen. Sie werden hart, hochmüthig und ihr Karakter verschlimmert sich gänzlich. Statt daß sie von ihrem Ueberfluß den Dürftigen erquickten, weisen sie ihn mit Ungestüm von ihrer Thüre, werden Geizhälse oder Verschwender. — Wohl dem, welchem ein mittelmäßiges Glück zu Theil wird, er wird weder auf das eine, noch auf das andere Extrem gerathen und weder die Kunst zu

sparen vergessen, noch das Gefühl der Wohl=
thätigkeit verlieren.

XC.
Prale nicht mit deinem Glück!

Der Glückliche wird um seine bessere Lage ge=
wöhnlich beneidet; allein wenn er die Thorheit
begeht, sich derselben zu überheben, so folgt
auch der Haß ihm auf dem Fusse nach. Wer
berühmt ist, der lasse sichs nicht merken. Es
ist besser, daß man einen grossen Namen finde,
als daß man ihn sucht und vielleicht betrogen
wird. Verdienest du Ehrenbezeugungen, so
nimm sie mit Bescheidenheit an, aber hüte
dich, sie zu fordern. Mache, daß man lieber
von deiner Person, als von deinem Glück
redet.

XCI.
Sey nicht in deine Vollkommenheiten
verliebt.

Mit seinem Zustand nicht zufrieden zu seyn,
ist Schwachheit; aber wer gar darein sich ver=
liebt, den hat schon König Salomo in die Zahl
der Narren eingeschrieben. Diese Zufrieden=
heit

heit entspringt bey dem gröſten Theil der Menſchen aus Unwiſſenheit. Der Thor iſt unvermögend, irgend eine Vollkommenheit zu erkennen und bemerkt aus eben dem Grunde ſeine eigene Schwäche nicht. Je weiſer ein Mann iſt, deſto gröſſeres Mißtrauen ſetzt er in ſich ſelbſt und dies iſt auch nöthig, wenn er vollkommener werden will. Beſcheidenheit iſt die Gefährtin vom wahren Genie und wer den Kreis des menſchlichen Wiſſens überſchauen kann, der ſieht am erſten ein, wie unendlich vieles ihm mangelt, wie mancherley Lücken in ſeinen Kenntniſſen ſind, die er vielleicht niemals ausfüllen wird. Ein Narr iſt unverbeſſerlich, weil ſeine Gänſeblumen ihm lauter Nelken ſcheinen und ſein Acker nie unfruchtbar iſt. Auch die guten Homere ſchlummern bisweilen und die Weltüberwinder verfallen in Thorheiten. Geſchieht das am grünen Holz, was will am dürren werden? Haſt du Vollkommenheiten und du ſiehſt groſſe Männer ſtraucheln oder gar fallen, ſo vergiß nicht das „ego homuncio hoc non facerem?” und bedenke, daß es dir noch leichter geſchehen kann. Das wird dich aufmerkſam erhalten, daß du nicht ſo tief ſinkeſt, in dich ſelbſt verliebt zu werden.

XCII.
Wähle deinen Umgang mit Klugheit.

Der Umgang mit andern ist im menschlichen
Leben eine Sache von nicht geringer Wichtigkeit.
Unvermerkt, und ohne daß man es vielleicht
Willens ist, bildet man sich nach denen, die
um uns sind. Leute von feurigem Temperament handeln nicht wohl, wenn sie mit ihres
gleichen viel umgehen. Sanfte, gesetzte und
friedfertige Menschen werden für sie tauglich-
re Gesellschafter abgeben. Die verschiedenen
Karaktere machen die Gesellschaft anmuthiger
und unterhaltender. Einer kann dem andern
zum Bild und Spiegel dienen, seine eigenen
Fehler zu sehen, die entgegen gesetzten Tugenden zu bemerken und sich selbst zu bilden. Es
ist zu dem auch noch eine alte bekannte Wahrheit, daß man von denen, mit welchen wir
umgehen, meistentheils einen Schluß auf uns
selbst macht und auch schon darum wär es der
Mühe werth, bey der Wahl des Umgangs aufmerksam und vorsichtig zu Werke zu gehen.

XCIII.
Tadle nicht alles!

Es zeugt nicht vom besten Herzen, wenn man an allen Dingen Fehler finden will. Die Tadelsucht entspringt aus Stolz und Eigendünkel, welches beydes sehr häßliche Laster sind. Ein billiges Herz hingegen sucht an jeder Sache die beste Seite auf, und rühmt wenigstens diese, wenn es auch die andern Gebrechen bemerkt, aber mit Liebe zudeckt.

XCIV.
Warte nicht, bis dir das Glück den Rücken kehrt.

Es ist eine Regel der Klugheit, daß man ein Ding eher verlasse, als daß man davon verlassen werde. Der Weise sucht unangenehmen Zufällen des Lebens auszuweichen, damit der Unmuth sich seiner nicht bemeistere. Ein guter Reuter läßt seinem Pferde zuweilen den Zügel, damit es sich nicht bäume und ihn aus dem Sattel werfe und ein schönes Frauenzimmer zerbricht ihren Spiegel, eh er ihr zeigen kann, daß ihre Schönheit verwelke.

XCV.

Die Kunst sich Freunde zu machen.

Die höchste Glückseligkeit des Lebens ist die Freundschaft. Wer Freunde haben will, wird sie am sichersten dadurch erwerben, wenn er jedem Menschen mit Güte, Gefälligkeit und Dienstleistungen zuvorzukommen trachtet. Alles Gute, das wir hienieden besitzen oder geniessen können, beruht auf andern Menschen, denn sie sind entweder unsre Freunde, oder aber unsre Feinde. Im ersten Fall wird ihnen unser Schicksal nah am Herzen liegen und sie werden es auf alle mögliche Weise zu verbessern suchen, im Gegentheil aber haben wir Hindernisse in all unserm Beginnen zu erwarten. Nimm Theil an andern und sie werdens auch an dir nehmen. Thue Gutes, so wirst du das nemliche erfahren. Suche Freunde und — du wirst sie finden, denn

Wer Freunde sucht, ist sie zu finden werth,
Wer keinen hat, hat keinen noch begehrt.

XCVI.

Bereite dich im Glück auf widrige Tage.

Die Ameise sammelt im Sommer, damit sie den Winter über zu leben habe. So wie sie überhaupt von Arbeitsamkeit, von weiser Sorge für die Zukunft u. s. w. ein gutes Vorbild giebt, so sey sie es auch dem Glücklichen. Er mag bedenken, daß die Sonne nicht täglich scheine, und daß derjenige, der seines Glückes genoß, ohne zu bedenken, wie leicht es geschehen könne, daß ihn auch widrige Zufälle betreffen, um so schlimmer daran sey, je weniger er sich darauf vorbereitet hat. So lange man glücklich ist, finden sich der sogenannten Freunde genug; aber im Unglück ziehen sie sich zurück. Vernachläßige niemand, denn du möchtest seiner bedürfen. Denke täglich, daß kein Glück zu glänzend sey, das nicht durch einige Flekken getrübt werden könnte und gehe der Zukunft entgegen, wie der weise Feldherr einem Feind, der sich nie so stellt, daß ihm der Rückzug leicht versperrt werden könnte.

XCVII.

Richte dich nach den Leuten, mit denen du
zu thun hast.

Man wird es endlich gewohnt, häßliche
Gesichter um sich zu leiden, wenn man sie
oft sehen muß, und eben so leicht wird man
sich endlich auch in widerwärtige Gemüther
schicken lernen. Diejenigen, die wir nicht
entbehren können und die uns in unserm
Fortkommen entweder förderlich oder schädlich
seyn können, machen gleichsam ein Recht daraus, daß wir ihre Launen und Thorheiten
ertragen sollen und eben des Einflusses wegen, den sie vielleicht auf unser Schicksal
haben, ist es nöthig, daß wir es thun.
Ein häßliches Gesicht äussert eine solche
zurückstoßende Kraft, daß wir dafür erschrek-
ken, und wenn wir es in die Länge betrachten, so vertragen wir uns endlich damit. Eben so ist es mit Menschen von schie-
fem Karakter. So weh es anfangs thut,
mit ihnen umzugehen, so sehr gewöhnt man
sie nach und nach, lächelt über ihr Poltern
und duldet sie wie Gott die Bösen in seiner
Welt, denen eben so milde, wie den Rechtschaffenen seine Sonne scheint.

XCVIII.

Halte dich zu Leuten, die nie ihre Pflichten
vergeſſen.

Wenn es, wie wir oben geſagt haben, leicht
iſt, die Sitten und Meynungen, Leidenſchaften und Tugenden derer anzunehmen, mit
welchen wir Umgang haben, ſo wird die hier
gegebene Regel keines weitern Beweiſes bedürfen. Mit ſchlechten Menſchen kann man
niemals mit Sicherheit umgehen, denn ſie
finden ſich zu dem, was edel, gerecht und
billig iſt, nicht verbunden, wie könnte alſo Freundſchaft in ihrem Herzen wohnen?
Ihre Liebe iſt von ſchlechtem Gehalt, denn
ſie wird nicht von der Ehre geleitet, die
Ehre aber iſt der Thron der Treue und wer
ſie nicht ſchätzt, verachtet auch die Tugend.

XCIX.

Rede nicht von dir ſelbſt!

Sich ſelbſt loben, iſt thöricht; ſich ſelbſt verachten, iſt ſchimpflich, und beydes erweckt
noch überdas denen Verdruß, die es anhören
müſſen. Schweige ganz von dir ſelbſt! Haſt
du Verdienſte, ſo werden ſie gewiß nicht

durchgehends verkannt werden, sondern es giebt
immer einige, die dich darum rühmen; und
hätteſt du keine; warum wollteſt du auf Lob
Anſpruch machen, es müßte dich ja nur be-
müthigen. Auf allen Fall aber muß das
ein kleiner Geiſt ſeyn, der es für nöthig
findet, ſein eigener Herold zu werden und
es iſt gewiß, daß ſeine Einbildung gröſſer,
als ſein Talent ſeyn müſſe.

C.
Befleiſſige dich der Höflichkeit.

Höflichkeit iſt ein ſehr wichtiger Theil von
der Kunſt zu leben. Durch ſie iſt man im
Stande, ſich bey jedermann beliebt zu machen, da hingegen Grobheit und Ungeſchliffen-
heit nichts als Haß und Verachtung erzeugen.
Die Höflichkeit aber, ob es gleich beſſer iſt,
zu viel, als zu wenig thun, muß auch nicht
gegen jedermann gleich groß ſeyn, wenn ſie
nicht in Ungerechtigkeit ausarten ſoll. Sie
koſtet nicht viel, und iſt dennoch von groſſem
Werth. Wer andere ehrt, wird von ihnen
wieder geehrt werden. Geſetzt auch, daß
der Grobian deine Höflichkeit nicht erwiedere,
ſo kannſt du ja wie jener Weltweiſe denken:

„es ist mir keine Schande, daß ich höflicher als ein anderer bin."

––––––––

CI.
Schicke dich in die Zeit.

Ein Kluger richtet sich allezeit nach der Gegenwart, und wenn ihm auch das Vergangene zehnmal besser gefiele. Thut er das nicht, so gilt er für einen Sonderling, und ist verachtet. Eine einzige Ausnahme von dieser Regel macht die Tugend, denn diese muß zu allen Zeiten ausgeübt werden. Der Weise lebt wie er kann, wenn er nicht leben darf wie er will.

––––––––

CII.
Vermeide alles affektirte Wesen.

Affektation pflegt die besten Sachen zu verderben, und ein Mensch, der sie annimmt, ist so tadelnswerth, als ein Maler, der des lieben Gottes schöne Natur überpinseln wollte. Wer der Natur untreu wird, lebt in beständigem Zwang, wird sich und andern lästig, weil er immer nach der Schnur handeln will. Ein jedes Ding verliert seinen Werth, so bald man sieht, daß es gezwun-

gen ist, denn das Natürliche, das Ungezwun=
gene, ist allein angenehm. Suchst du aber
zu verbergen, daß dich eine Sache Anstren=
gung und Mühe kostet, damit man glauben
soll, es sey dir Natur; so siehe wohl zu,
daß du nicht eben durch dies Verbergen ge=
rade in Affektation fallest. Je weniger du
dein Verdienst um die Sache merken lässest,
desto mehr werden die Leute darnach forschen.
Derjenige ist doppelt fürtreflich, der seine
Vollkommenheiten zu verbergen sucht, und
keine davon erhebt. Endlich kommt er zum
Ziel und prangt mit der Krone des Ruhmes.

CIII.
Lebe so, daß man deinen Verlust bedauert.

Gemeiniglich währt es kurz, daß man eines
Menschen gedenkt, wenn er gestorben ist und
mich dünkt, es sey auch ein dem Weisen an=
ständiges Bestreben, zu machen, daß die
Nachkommen sich seiner mit Antheil erin=
nern. Er wird es am besten dadurch be=
werkstelligen können, wenn er tugendhaft ge=
lebt hat, wohlthätig gewesen ist und sich be=
liebt zu machen suchte. Derjenige, der sich
nur furchtbar machte, kann auf wenig Be=

dauren Anspruch machen. Die Furcht vor ihm verliert sich an seinem Grabe und der Haß tritt an ihre Stelle. Wer die Pflichten desjenigen Posten, in dem er stund, getreulich erfüllte, so daß er seiner Stelle noch mehr Ehre machte, als sie ihm, kann auf gegründete Hochachtung rechnen. Es ist noch wenig Vortheil, wenn jemand in Rücksicht auf einen schlimmen Vorfahren für tugendhaft gehalten wird, denn dies heißt noch nicht bedaurt, sondern nur nicht so sehr gehaßt werden. Liebe erzeugt Gegenliebe. Wer mit dieser nicht zu sparsam war, baut sich ein Monument in den Herzen der Menschen, das auch nach seinem Tode unvergänglich ist.

CIV.
Halte kein Register über anderer Leute Fehler.

Es ist schon weiter oben gesagt worden, daß es ein Zeichen eines sehr unedeln Herzens sey, nach anderer Leuten Fehler zu spähen. Manche thun es blos darum, weil sie hoffen, daß man dann ihre eigene nicht sehen werde. Andere sind zu sehr mit Eigendünkel erfüllt, als daß sie Gebrechen an sich wahrnehmen sollten. Allein kein Mensch ist so gut, der nicht noch besser werden könnte. Wer sich täglich mit Verbesserung seiner selbst beschäftiget, der hat gewiß keine Zeit, anderer Fehler auszuposaunen.

CV.
Beklage dich nicht viel.

Wenn du mißvergnügt bist, so behalte es bey dir und laß die Ursache davon nicht leicht in Gesellschaft merken, denn du möchtest durch deinen Feinden einen Weg zeigen, wie dir das Leben am leichtesten zu verbittern sey. Es thut zwar dem Herzen wohl, wenn es sich durch laute Klagen etwas erleichtern kann, allein es zeugt doch von grösserer Seelenstärke, seine Schmerzen verbergen zu können. Dadurch wirst du die Hochachtung deiner Freunde erhalten, und deine Feinde werden Mühe haben, dir beyzukommen.

CVI.
Auch in der Weisheit halte Maaß.

Wenn du verdammt bist, mit einem Haufen von Thoren umzugehen, so laß dich nicht merken, daß du weifer feyeſt, denn da käme die Weisheit zur Unzeit. Nichts wiſſen, oder zum wenigſten ſich ſtellen, als ob man nichts wiſſe, iſt zuweilen die beſte Gelehrſamkeit. Man muß die Perlen nicht vor die Schwei- ne werfen, weil ſies nicht zu ſchätzen wiſſen und unwiſſende Tropfen nicht mit wiſſenſchaft- lichen Gegenſtänden unterhalten, weil ſie kei- nen Begrif von dem Werth derſelben haben. Sey weiſe bey den Weiſen, aber ertrage die Thorheiten, wenn du unter Narren biſt, ſonſt geſchieht dir recht, wenn du ausgeziſcht wirſt, weil du ſo wenig Klugheit des Lebens gelernt haſt.

CVII.
Der Weiſe iſt ſich ſelbſt genug.

Ein einziger wahrer, herzlicher Freund iſt ſchätzbarer, als wenn man die Güter und Reichthümer der ganzen Welt beſäſſe. Willſt du alſo vollkommen vergnügt leben, ſo werde Freund mit dir ſelber. Strebe nach Weisheit und Tugend, dann wirſt du es gewiß ſeyn. Du kannſt jede einſame Stunde mit beruhigen- den Selbſtgeſprächen ausfüllen, biſt frey wie ein Gott, und hängſt von niemand ab, als von dir. Was kann dir zur Ruhe und Freu-

te des Lebens wohl noch mangeln? Zufrieden-
heit wird dein beneidenswerthes Loos seyn, du
bist Herr über dich selbst und trotzest jedem feind-
lichen Anfall von aussen.

CVIII.
Laß dir rathen.

Sey so vollkommen als du willst, so kannst
du doch immer guten Rath gebrauchen. Es
wäre unverzeihliche Schwachheit, dir einzubilden, daß du alle Dinge allein übersehen kön-
nest und ausser deinem Kopf kein Scharfsinn zu
finden sey. Es ist selbst ein Zeichen von Klugheit, wenn man verständigen Leuten glaubt
und ein Vernünftiger freuet sich jeder Gelegenheit, zu lernen. Wem nicht zu rathen ist,
sagt ein gemeines, aber sehr wahres Sprichwort,
dem ist auch nicht zu helfen. Erlaube deinen
Freunden, allezeit freymüthig zu reden und bediene dich ihrer, gleichsam als eines Spiegels,
der dir treu deine Flecken verräth, so wirst du
um so seltener Gefahr laufen, Fehler zu begehen und dir selbst schädlich zu werden.

CIX.
Denke heute auch auf Morgen.

Es giebt schwachköpfige Menschen genug, die die Sorge für den andern Morgen als thöricht und sündlich verschreyen, und trotzen auf eine gewisse biblische Stelle, die aber wohl nicht so buchstäblich genommen werden darf. In die Zukunft zu blicken und gehörige Maßregeln für sie zu nehmen, ist unsre Pflicht, darum gab uns der Schöpfer Vernunft. Dadurch können wir manche widrige Begebenheiten abwenden, oder wenigstens mildern, denn wenn das Wasser erst an die Kehle reicht, dann ist es zu spät, Entschlüsse zu fassen. Aengstlich sorgen sollen wir nicht, aber gar nicht auf das weitere denken, nie überlegen, wie wollen wir handeln, wenn es in der Zukunft so oder so geht; wäre der sträflichste Leichtsinn. Hast du — so weit es bey dir steht — für Morgen gesorgt, so kannst du dich ruhig schlafen legen, denn man muß erst denken und dann handeln. Wer mit Vorsicht zu Werke geht, dem wird sein Leben noch einmal so leicht.

CX.

Sey langsam im Glauben und langsam in der Liebe.

Wer leicht glaubt, beweißt hinlänglich, daß er wenig Ueberlegungskraft habe. Man muß eben so wenig schnell verwerfen, als annehmen, sondern alles erst gehörig prüfen. Ein Leichtgläubiger setzt sich stündlich der Gefahr aus, betrogen zu werden und in Schaden und Unglück zu kommen. — Indeß hüte dich auf der andern Seite vor Unglauben, denn es wäre sehr ungerecht, alle Menschen, die dir etwas erzählen, für Lügner zu halten, und entweder als Betrüger oder Betrogene zu behandeln. Denn wenn du einen wahrhaften Mann deinen Glauben versagst, so laufst du Gefahr, daß er anfange von dir schlecht zu denken und nicht ohne Grund vermuthe, daß in deinem eigenen Herzen und Munde die Wahrheit eine Seltenheit sey. So vorsichtig wie im Glauben, sey auch in der Liebe, denn können die Menschen mit Worten hintergehen, so wär es schlecht, wenn ein liebliches Gesicht nicht durch Mienen es eben so wohl sollte thun können. Und was das schlimmste hiebey ist, so daurt gemeiniglich dieser Betrug länger, und hat Einfluß auf die Schicksale deines gan=

zen

zen Lebens. Wenn du erst auf den Teppich
des Altars getreten bist, so mußt du es darauf
ankommen laſſen, ob der Tod dich von deiner
Megäre erlöſe, oder ob ſie dich dem Grabe in
Rachen jage.

***

CXI.
Auserleſene Freunde.

Laß deine Freunde von der Klugheit wählen,
und vom Glück prüfen. Es iſt nicht genug,
daß dir ihr äuſſerliches Betragen gefalle, du
mußt in ihr Inneres hinein ſchauen. Verſchen-
ke also deine Freundſchaft nicht an jeden, den
dir der Wind eines ohngefähren Zufalls, oder
die gute Meinung eines Dritten zuführt. Sey
freundlich gegen alle Menſchen, aber vertraut
gegen wenige. Es giebt eine wahre und eine
halbe Freundſchaft. Jene iſt die gröſte Glückseligkeit des Lebens, dieſe dient blos zum Vergnügen des Umgangs. Heut zu Tage weiß
man kaum mehr recht, was die Freundſchaft
ſeyn soll, denn ſie iſt nicht mehr der Augen-
merk eines ganzen Volks, wie ſie's in Griechen-
land war und wer ihren Begrif höher nimmt,
als die Menge, der heißt ein Schwärmer.

Kunſt zu leben.   G

Ich kann mich nicht enthalten, hier eine
trefliche Stelle abzuschreiben, die ein sehr phi-
losophischer Schriftsteller über das Wesen der
Freundschaft gesagt hat *). „Derjenige kennt
„die sanften Entzückungen der Freundschaft
„noch wenig, welcher sich blos im Schatten ei-
„ner blühenden Linde. mit seinem zärtlichen
„Freunde zum Genuß edelmüthiger Empfindun-
„gen vereinigt, oder — vom Glück gesegnet
„— blos mit bequemlichen Wohlthaten seines
„Freundes Busen erhebt. In lang anhaltenden
„schweren Unglücksfällen, in verdrüßlichen und
„unaufhörlichen Verwicklungen, wo der Augen-
„blick nichts entscheidet, und eine einzige perio-
„dische Aufwallung des Bluts die Sache nicht
„ausmacht; — da wird erst zween Freunden
„die geheime Grösse ihrer Seele recht bekannt,
„da erfahren sie unter der Last eines Schicksals,
„das sie gemeinschaftlich tragen, die Vollkom-
„menheit ihrer Tugend, und Neigungen und
„Leidenschaften zeigen in ihrer unüberwindlichen
„Dauer, wie sanft die schwerste Auflage sey,
„die die Freundschaft von ihren Pflichten
„fordert.“
Und dann fährt der nemliche Schrift-
„steller fort: „Die Freundschaft ist Empfindung,

*) Möser, vom Werth wohlgezogener Neigungen und
. Leidenschaften.

„sie ist Neigung, Leidenschaft, — ist Tugend.
„Sie ist ein Theil der Gottheit, welche den
„leblosen Klumpen beseelt. Durch sie fließt
„Weisheit in die Herzen der Edeln, und ihre
„Bewegungen sind die entzückendsten Harmo=
„nieen. Durch sie wird die Freude zärtlich und
„Betrübniß süsser, als rauschende Freude.
„Sie macht den Kummer lächeln und die Freu=
„de aus Wollust weinen."

Es giebt immer mehr Freunde, die es
mit dem Glück einer Person, als mit der
Person selbst halten. So lange wir glück=
lich sind, fehlt es an dergleichen Leuten nicht,
aber so bald wir in Noth kommen, dann
kennen sie uns nicht mehr. Ein Freund von
Verstand wird uns auch da nicht verlassen.
Durch ihn geleitet, werden wir vorsichtiger
handeln und er wird thätig seyn, wenn jede
Kraft in uns sterben will.

CXII.
Ertrage die Narren!

Epiktet setzte die Hälfte der Weisheit in das
dulde und meide! — Es giebt, nach dem
Ausspruch eines neuern Schriftstellers *) so

G 2

*) Im „Grab des Aberglaubens."

viel Narren in der Welt, daß man davon
die fünfte Monarchie errichten könnte. Du
bist nicht fähig, sie auszurotten. Mußt du also mitten unter ihnen leben, so wafne dich mit
Geduld, sie zu ertragen. Aus diesem Tragen und Dulden entspringt der unschäzbare
Friede, der die ganze Welt beglückt. Wenn
du die Narren ihres Pfads ruhig laufen
lässest, ohne sie an ihren Schellenkappen zu
zupfen, ihnen wohl auch grosmüthig übersiehst,
wenn dir zuweilen einer in Weg rennt und
dich auf den Fuß tritt; so wirst du doch weniger Gefahr laufen, von ihnen mit Koth geworfen zu werden, als wenn du dich ihnen
geradezu widersetzen wolltest.

CXIII.
Rede wenig.

Reden ist das meistemal leichter als schweigen. Wer sich viel Gram ersparen will, muß
allezeit so vorsichtig reden, als wenn er im
Begriff stünde ein Testament zu machen. Je
weniger Worte, desto weniger Anlaß zum Zank.
Gewöhne dich in minder wichtigen Dingen,
deine Zunge im Zaum zu halten, damit sie
dir in wichtigen nicht schädlich werden möge.
Im Schweigen ist gewis oft Größe verbor-

gen und leere Köpfe haben es an sich, daß
sie am fertigsten plaudern. — Aber auch der
Unwissende kann öfters durch Schweigen und
eine wichtige Miene seine Seichtigkeit verbergen und mancher ward für weise gehalten,
bis er den Mund aufthat. Daher die Regel: si tacuisses, Philosophus mansisses.

CXIV.

Entferne dich von Neid und Eifersucht.

Den Neid verachten, ist wohl gut, aber man
wird damit nur nicht allezeit weit kommen.
Die edelste Rache, die man nehmen kann,
ist diese, daß man ihn durch Wohlthaten
kränkt. Führe dich so auf, daß der Neid nichts
an dir zu tadeln finde, dann ist er in seiner
peinlichsten Lage. Die Eifersucht, in Absicht
des Ruhms eines andern, ist die Zwillings-
schwester des Neides. Sie ist eben so schlimm
daran, wenn dir ein Körnchen Ruhm zuwächst,
als der Neid, wenn deine Glückseligkeit um
etwas erhöht wird.

CXV.

Bemitleide den Unglücklichen, doch so, daß
du nicht den Glücklichen erzürnest.

Gemeiniglich ist des Einen Glück das Unglück des Andern, und mancher würde vielleicht nicht so glücklich seyn, wenn nicht so
viele unglücklich geworden wären. Unglückliche bewerben sich gern um die Gewogenheit
anderer und nicht selten ist es geschehen, daß
einer im Glück gehaßt und sogleich, da sich
seine Umstände änderten, bemitleidet worden
ist. — Mitleid ist eine schöne Tugend. Unser Maler Müller sagt sehr schön:

> O Mitleid, süsses Mitleid,
> Vom Himmel stammst du nur.
> Vom Angesicht des Schöpfers
> Stahl dich einst die Natur.

Allein zu geschweigen, daß es selbst dem Unglücklichen unter Umständen schädlich werden kann,
so muß man es vor dem, der glücklich geworden
ist, nicht zu deutlich sehen lassen, damit nicht
der Argwohn bey ihm eintrete und er irgend einen Neid wähne, denn dieser Schein könnte
leicht der Tugend, wenn man sie nicht genau
untersucht, einen häßlichen Fleck anhängen.

CXVI.

Unterlaſſung iſt auch Tugend.

Unſre Tugend beſteht nicht immer im Handeln, denn unſre Kräfte Gutes zu thun ſind öfters durch Umſtände ſehr eingeſchränkt, aber der geringſte der Sterblichen hat immer Macht genug, Böſes zu thun, ſo bald er nur will. Kannſt du das Gute in der Welt nicht fördern, ſo hindere es wenigſtens nicht. Kannſt du das Elend in der Welt nicht verringern, ſo mache doch, daß du es nicht vermehreſt. Kannſt du deinem Bruder nicht nutzen, ſo ſchade ihm nur nicht, und du haſt auch gethan. Könnte das mannigfaltige Elend, das durch poſitiv böſe Handlungen bewirkt wird, ganz erſtickt werden, könnte man wenigſtens die Menſchen zu ganz unſchädlichen Geſchöpfen machen; ſo wäre vielleicht das goldne Alter der Welt da, und manche gute That könnte entbehrt werden, da dieſe meiſtentheils erſt durch böſe Thaten veranlaßt, oder ſo zu ſagen hervor gerufen werden. Arzeney, die die Krankheit hebt, iſt ein köſtliches Ding, aber Geſundheit, die der Arzeney nicht bedarf, iſt noch weit köſtlicher *).

---

*) Ich bin dieſe Gedanken nebſt CXVII. einer Freymaurer Rede ſchuldig, die mit noch einer ändern nur als Manuſcript für die Brüder einer Loge gedruckt worden und

CXVII.

Geniesse das Leben, so viel es dein Loos erlaubt.

Der Mensch ist immer unzufrieden mit dem Gegenwärtigen, hängt nur an der Zukunft, und verspricht sich alles von ihr. Das Gegenwärtige stillet fast niemals unsern Durst nach Glückseligkeit; kein Wunder also, daß wir von der Zukunft die Befriedigung desselben hoffen und erwarten. So gewis es ist, daß uns dieser Hang in der Zukunft zu leben manches Vergnügen gewährt, so unwidersprechlich ist es auch, daß er uns zu unzufriedenen und unmuthigen Menschen macht, die das Gute nicht sehen, das sie bereits schon um sich haben. Gewöhnlich ist die Zukunft so nur die Wiederkehr dessen, was wir schon längst gesehen und empfunden haben, und erst wie ungewiß, ob sie uns auch werden soll! — Wer des Gegenwärtigen recht genießen will, muß Freude suchen, wo sie wirklich zu finden ist, nemlich in sich selbst. Der nur kann sie haben, der überzeugt ist, er thue, was er könne, wenn er auch noch ferne vom Ziel der Vollkommenheit ist. — Was uns oft

folglich in wenige Hände gekommen ist. Beyde sind — ganz gegen die Gewohnheit solcher Reden — voll herrlicher Stellen, und es ist zu bedauren, daß der Lauf ihres philosophischen Verfassers so kurz war.

das wünschenswertheste Gut scheint, wird uns nach und nach gleichgültig, oder entbehrlich, vielleicht gar verächtlich oder widrig.

Wer die Stelle, die ihm die Natur in der grossen Reihe der Dinge anwies, nur immer von der rechten Seite betrachtet, sich ihr anzupassen sucht, wenn sie ihm nicht ganz passen will, Gutes und Böses, was sie mit sich bringt, auf gleiche Schaale legt, und eins durchs andere aufzuwägen sucht, der hat gewis ein besseres Theil erwählt, als jener, der das kurze Leben mit Entwürfen ferner, nie zu geniessender Glückseligkeiten hintreibt.

CXVIII.

Haſt du Händel, so überschreite die Grenzen der Redlichkeit nicht.

Tiberius gab jenem Prinzen der Catten, der sich erbot, den deutschen Helden Arminius mit Gift zu vergeben, zur Antwort: „die Römer pflegten sich an ihren Feinden nicht hinterlistiger Weise, sondern mit den Waffen in der Hand zu rächen.” Dies ist eines Helden würdig, denn durch Ränke siegen, heißt nicht überwinden, sondern überwunden werden. Die Großmuth bleibt allezeit ehrwürdig und selbst Feinde betrachten sie mit Verehrung.

Der Rechtschaffene bedient sich niemals verböthener Waffen. Dahin rechne ich auch das, wenn ein Freund, nach etwa geschehenem Bruch, die Geheimnisse des andern mißbraucht und sie an der Schandsäule des Hasses öffentlich ausstellt.

Alles was irgend einer Verrätherey gleich sieht, schmälert den guten Namen dessen, der sich dazu herunterlassen kann und der geringste Schandfleck kann mit der Grosmuth des Rechtschaffenen unmöglich bestehen, und wenn die Ehre sich ganz aus der Welt verlieren könnte, so würde sie doch aus seinem Herzen nicht weichen.

CX'X.

Sich zu helfen wissen.

Ein edles Herz ist in widrigen Ereignissen der beste Gesellschafter; und wer sich selbst zu helfen weiß, erträgt Unannehmlichkeiten um vieles leichter. Ueberlasse dich nicht dem Glück allein, es könnte dir zu eben der Stunde, da du seiner am ersten bedürftest, am leichtesten den Rücken zuwenden. Einige wissen sich im Schmerz so wenig zu helfen, daß sie ihn wohl gar noch vergrössern, weil sie ihn nicht zu tragen wissen. Wer sich selbst kennt, wird schon bey mäßigem

Nachdenken Hülfe wider seine Schwachheit finden und daher kann ein Kluger sich oft aus der
gröſten Gefahr siegreich herauswickeln.

CXX.
Werde nicht abentheurlich.

Alles was der Natur entgegen steht ist —
wenn es im Kleinen stehen bleibt — geziert
oder affektirt, und wenns ins Gröſſere geht, abentheuerlich. Ein Pariſer Petitmaitre und ein
deutſcher Geck, ſind affektirt, weil ſie unſers
Herrgotts Natur verhunzen. Don Quichotte
iſt abentheuerlich, weil er vermöge ſeiner ausge-
brannten Imagination Dinge ſieht, die nicht
exiſtiren, und bey dem die Ausſchweifungen der
Einbildungskraft in die Sitten und Geſinnun-
gen übergehen. Die Häßlichkeit der Seele iſt
allezeit weit abentheuerlicher, als die Unförm-
lichkeit des Körpers. Beſtändige Cultur des
Verſtandes kann allein dies Uebel erſticken,
denn dieſer wird allezeit das Lächerliche davon
entdecken und nicht in die Thorheit verfallen
laſſen, daß man glauben könnte, es werde jemand durch abentheuerliches Weſen ein Gegen-
ſtand der Bewunderung werden.

CXXI.

Es gehört mehr Behutsamkeit dazu, daß
man sich vor Fehltritten bewahre, als zu
einer glänzenden Handlung.

Wenn die Sonne leuchtet, sieht niemand
nach ihr um, aber wenn sich eine Finsterniß er-
eignet, sperrt alles die Augen auf. So zählst
der Pöbel die guten Thaten der Edeln und
Weisen nicht, aber sein tausendzüngiger Mund
öfnet sich, so bald der geringste Fehltritt geschieht,
und alles Gute ist nicht fähig, den Eindruck zu
verlöschen, den eine einzige böse That gebar.
Nimm daher alle deine Schritte und Tritte
wohl in Acht, und sey versichert, daß der Neid
alle deine Fehler, aber keine einzige deiner Tugenden bemerke.

CXXII.

Mißbrauche die Gunst der Leute nicht.

Ein grosser Freund ist für einen grossen Nothfall. Wenn man in Sachen von geringer Wichtigkeit viel Gunst aufgewendet haben will, so
heißt es, sie verschwenden. Wenn man viel
verschwendet, da man mit wenigem auskommen
könnte, so behält man nichts für künftige Be-
dürfnisse. Gegen den Weisen ist das Glück

gewöhnlich eine Stiefmutter und ihm weniger günstig, als die Natur und der Ruhm, wie Göckhingk sehr schön gesagt hat:

Wer die Natur zum Freunde hat,
Wird schwer das Glück zur Freundinn haben.

Es kostet ihm daher mehr Mühe, seine Freunde, als seine Güter zu erhalten.

CXXIII.

Laß dich nicht mit Leuten ein, die nichts zu verlieren haben.

Wer schon alle Scham unterdrückt hat, der hat nichts mehr zu verlieren, und ein kluger, Mann wird sich mit einem solchen Menschen nie in Händel einlassen, weil er dabey seine eigene Ehre muthwillig aufs Spiel setzen würde. Sie wird schwer erworben, aber in einem einzigen Augenblick kann sie verloren seyn. Der Kluge, wenn er dies bedenkt, und die nahe Gefahr sieht, wird sich vorsichtig zurück halten. Gesetzt daß er seinen Gegner auch besiegt, so ists doch um seine eigene Ehre geschehen, die nun so leicht nicht wieder zu erlangen ist.

CXXIV.

Lebe nicht, als ob es auf der Post wäre.

Nur derjenige genießt sein Leben recht, welcher die Zeit desselben wohl einzutheilen weiß. Viele haben noch lange Zeit zu leben, und finden doch nichts mehr, worüber sie vergnügt seyn könnten. Sie verlieren das Vergnügen, weil sie es nicht geniessen. Ob sie gleich einen grossen Vorsprung gehabt haben, so wünschen sie sich doch, daß sie wieder die letzten möchten werden können. Es ist ihnen nicht möglich, den schnellen Lauf der Zeit mit dem Ungestüm ihres Geistes zu vereinigen. Alles was sie noch geniessen, geschieht in möglichster Eile, sie überladen sich den Magen und daher sind sie bald gesättiget.

Sey hurtig im Arbeiten, aber zum Vergnügen nimm dir Zeit. Das Vergnügen, so lang es währt, ist köstlicher, als die Erinnerung daran, so wie es süsser ist, zu wissen, daß man ein Geschäft vollendet habe, als wenn es erst noch vorgenommen werden muß.

CXXV.

Biſt du nicht ſelbſt gelehrt, ſo höre doch
gerne gelehrte und erfahrne Leute.

Ohne Verſtand iſt in der Welt nicht fortzu-
kommen, und wer ſelbſt keinen hat, muß ſich
eines Fremden bedienen. Sokrates ſagte,
ſeine gröſte Weisheit beſtehe darinn, daß er
erkenne, daß er nichts wiſſe; aber es giebt
Menſchen genug, denen nicht bekannt iſt, daß
ſie nichts wiſſen, desgleichen giebt es viele,
welche glauben, daß ſie etwas wiſſen, da doch
das Gegentheil iſt. Dieſe Fehler ſind unheil-
bar. Da der Unverſtändige ſich ſelbſt nicht
kennt, ſo denkt er, natürlicherweiſe, an keinen
ſeiner Fehler. Es wären viel Menſchen weiſe, wenn ſie nicht die Thorheiten begingen,
daß ſie ſich für weiſe hielten, immer nach eigenem Gutdünken handelten, und niemand in
irgend einer Sache um Rath fragten. Es iſt
unmöglich, alles allein zu überſehen, und gereicht keinem Menſchen zum Nachtheil, wenn
er andere um Rath fragt. Der Unkluge nimmt
keinen Rath an, und darum iſt ihm auch nicht
zu helfen. Wer die Vernunft nicht hören will,
der kann nicht anders als durch Schaden klug
werden.

CXXVI.

Mache dich mit Niemand gemein.

Wer sich zu gemein macht, setzt den Respekt aufs Spiel, den man sonst gegen ihn hatte und fällt in Verachtung. Je gemeiner etwas in der Welt ist, desto weniger wird es geschätzt, denn unvermerkt entdecken sich bey näherer Betrachtung Unvollkommenheiten, die man vorher nicht sah. Mache dich nicht gemein mit deinen Obern, denn das ist gefährlich; nicht mit deinen Untergebenen, denn es lauft wider den Wohlstand; am wenigsten aber mit schlechten und hochmüthigen Leuten. Jene ziehen dich unvermerkt dahin, daß du werdest wie sie, oder daß du wenigstens, ihrer Gesellschaft wegen, dafür gehalten wirst, und diese fühlen nicht, daß du ihnen durch deine Vertraulichkeit Ehre erweisest, sondern meynen, es müsse so seyn. Gar zu grosse Freundlichkeit ist ein Zeichen eines niedrigen und kriechenden Gemüths, so schätzbar übrigens Freundlichkeit ist, wenn sie in ihren gehörigen Schranken bleibt.

——————

CXXVII.

CXXVII.
Verschwiegenheit ist das Siegel aller Tugenden.

Ein Herz ohne Heimlichkeit ist wie ein offener
Brief, den jeder lesen kann, dem es gefällt.
So oft du jemand dein Herz entdeckst, zahlst
du ihm gleichsam einen Tribut und räumst ihm
Gewalt über dich ein. Traue selten, wenn
man dir widerspricht, denn man sucht dich aus-
zuholen und deine Meynung zu erfahren, auch
laß dich nicht leicht zum Zorn reizen, denn
in dieser Leidenschaft wird man der größte Ver-
räther seiner selbst. — Ein Mann sagt überhaupt niemals, was er thun will, sondern er
thuts. — Es heißt wenig für sich selbst sorgen,
wenn man seine eigene Geheimnisse nicht verschweigen kann, denn wie sehr sind sie dem
Mißbrauch unterworfen! Gegen andere kann
man keine größere Sünde begehen, als wenn
man das nicht heilig bewahrt, was sie gleichsam als ein anvertrautes Gut in unser Herz
niedergelegt haben.

CXXVIII.

**Ein Tugendhafter scheuet die Lüge, sagt aber
doch nicht immer die Wahrheit.**

Mit nichts in der Welt muß man vorsichtiger
umgehen, als mit der Wahrheit, denn es ist
eine alte und tausendfältig bestätigte Wahrheit,
daß sie Haß gebiert. Manchmal ist es nützlich und sogar nothwendig, sie zu sagen, aber
dann muß ihr die Behutsamkeit nicht von der
Seite kommen, öfter — und in den meisten
Fällen aber, ist Schweigen besser als reden.
Wenn es gefährlich ist, die Wahrheit zu sagen,
so muß der Kluge schweigen, denn wenn er sie
doch sagte, würde er verwegen heissen. —
Durch eine einzige Lüge kann man seinem guten Namen schaden; aber alle Wahrheit will
auch nicht gesagt seyn, denn an mancher ist
uns selbst, an mancher aber andern Leuten ge-
legen.

CXXIX.

Bestehe nicht halsstarrig auf deinem Kopf.

Die Narren sind gewöhnlicherweise die ei-
gensinnigsten Geschöpfe. Je irriger und abgeschmackter ihre Meynungen sind, desto weniger
lassen sie sich vom Gegentheil überzeugen, denn

sie vermögen nicht, vernünftige Gründe zu beurtheilen. Selbst bey Sachen, in welchen man alles Recht und die gröste Gewißheit vor sich hat, ist nachgeben besser, als halsstarrig seyn. Vernünftige Beurtheiler sehen doch ein, wer recht hat und der Ruhm gebürt uns dann überdas, daß wir bey der gerechtesten Sache sanftmüthig und höflich verfahren. Du wirst bey vernünftigen Leuten mehr Hochachtung gewinnen, wenn du der Gewalt weichest, als wenn du deine Meynung noch so hartnäckig vertheidigest. In solchen Fällen heißt oft, auf seinem Satz bleiben, nichts anders, als seine Grobheit und seinen Eigensinn zeigen.

CXXX.
Mache nicht viel unnöthige Ceremonien.

Wer alle mögliche Kleinigkeiten im Umgang beobachtet wissen will, ist den Leuten beschwerlich. Es ist zwar gut, daß man auf seinen Respekt halte, allein gar zu viele Complimente fordern und machen, heißt lächerlich werden. Die Höflichkeit muß weder gezwungen, noch verächtlich herauskommen. Wer zu sehr an äusserlichen Formalitäten hängt, zeigt Kleinheit des Geistes, denn der grosse Mann kann sich

unmöglich damit abgeben und paffirt daher oft
bey Gecken als Mann ohne Weltkenntniß und
Lebensart.

———

CXXXI.
Man bemerkt nicht alles gleich aufs erstemal.

Vorsichtigkeit bewahrt vor Fehlern. Es geschieht freylich oft, daß man nicht gleich alles
das erstemal sieht, denn jede Sache hat mehrere Seiten, man muß also darauf bedacht seyn,
daß man es das zweytemal, wo möglich verbessere. Horaz räth den Schriftstellern, ihre Werke neun Jahre liegen zu lassen. Dieser Rath ist auch auffer der Schriftstellerey in
keinem Fall des Lebens zu verwerfen. Man
findet immer zu bessern und wer viel thut, muß
immer auf noch mehr denken.

———

CXXXII.
Fehler bleiben Fehler, und wenn sie auch zur Mode geworden wären.

Wenn sich das Laster auch unter den Purpur
versteckt, so wird es in den Augen des Rechtschaffenen doch nimmermehr zu einer Tugend
gestempelt werden. Es wird sich nie so ganz

verhüllen können, daß man es nicht bemerken
sollte, so wenig als Abbadona's nachgemachter
Glanz die Engel verblendete *). Laster kön=
nen wohl erhöht werden, aber nicht erhöhen.
Die Menschen bemerken vielleicht eines an ei=
nem sonst grossen Mann, bedenken aber nicht,
daß ihn das nicht zum grossen Mann machte.
Wehe dem, der sich hierin durch das Beyspiel ei=
nes Mächtigen verführen läßt, und wehe dem
Schmeichler, der schlecht genug ist, es Vorzug
zu nennen. Man übersah es Alexander dem
Grossen leicht, daß er den Kopf schief trug,
wenn es schon ein Fehler war; aber seine Hof=
schranzen, die das nachäfften, waren unstrei=
tig die armseligsten Gecken. — Wenn der so=
genannte gute Ton auch gleich ein Laster mit
der Mode entschuldigt, so bleibt demohngeachtet
das Wesen desselben, was es vorher war, ehe
es zum Ton der Welt ward.

CXXXIII.

**Thue Gutes, ohne dich zu kümmern, ob
andere Böses thun.**

Gutes thun, ist viel beruhigender, als Gu=
tes empfangen, jenes ist die wahre Glückselig=
keit grosser Seelen. Trachte allezeit darnach,

---

*) Der Messias 9ter Gesang.

daß das Gute unmittelbar von dir, das Böse
aber lieber von andern herrühre. Es wäre
warhaftig eine schlechte Entschuldigung, wenn
du dein Bösesthun damit entschuldigen wolltest,
weil es andere Menschen auch thun. Ahme
die Bessern nach und thue alles Gute, wozu
du nur irgend Gelegenheit findest, dann hast
du deine menschliche Bestimmung auf eine wür-
dige Weise erfüllt, wenn gleich andere sie nachläßig vergessen.

CXXXIV.
Tadle weniger als du lobest.

Tadel zieht fast allezeit Haß nach sich. Gesezt
auch, daß er nicht eben einen trift, der dabey gegenwärtig, oder auf irgend eine Art für den Gegen-
stand deines Tadels interessirt ist; so wird man
doch nicht die beste Meynung von dir bekommen,
besonders wenn es oft vorkommt. Man wird
dich für einen naseweisen, superklugen und ein-
bildischen Gecken halten. — Suche an einer
jeden Sache vielmehr ihre gute als fehlerhafte
Seite auf. Ein edles Herz freuet sich jener
und so viel es kann entschuldigt es jene. Wenn
du anderer Tugenden und Vollkommenheiten
erkennest und öffentlich bey Gelegenheit rühmest,

so wird man auch von deiner eigenen Tugend
höhere Begriffe bekommen, denn nur derjenige
kann sie bewundern, der sie selber besitzt. Lob
erweckt ausserdem zur Nacheiferung, und öf=
ters kann es geschehen, daß du die Vollkom=
menheit eines Abwesenden rühmest, und da=
durch einem Anwesenden zugleich ein Kompli=
ment machest. Es giebt hingegen Leute, die
immer Stof genug zum lästern mit sich in Ge=
sellschaft bringen, meynen den Gegenwärtigen
zu schmeicheln, indem sie Abwesende verachten,
aber sie kommen selten zum Zweck. Durch ih=
re Schmeicheleyen wird ein Kluger nicht stolz
und durch ihren Tadel auf seinem Wege, den
er bisher wandelte, nicht irre gemacht werden;
besonders da er weiß, daß der Wind ihrer Lau=
ne heute so, morgen wieder anders weht und
ihr Tadel und Beyfall sich gemeiniglich nach
Leuten richtet, die sie vor sich haben.

CXXXV.
Fordere nicht übermäßige Höflichkeits=
bezeugungen.

Es geht ganz natürlich und ohne alle Zauberey
zu, daß man manche Leute so leicht in sein In=
teresse verflechten kann. Sie sind sehr ehr=

oder rangsüchtig und da bewirkt oft ein einzi=
ges, an sich übertriebenes, in ihren Augen aber
schön lassendes Kompliment die ganze Sache.
Wer alles verspricht, verspricht im Grunde gar
nichts, und doch sind Verheissungen für man=
chen schlüpfrige Pfade. Die übertriebene Höf=
lichkeit ist nicht nur abgeschmackt, sondern auch
eitler Betrug. Zulezt wird sie Kriecherey, und
man sieht nur gar zu wohl, daß der sklavische
Rücken nicht vor dem Mann selbst, sondern
nur vor seinem Glück gebeugt wird und in Be=
tracht des Einflusses, den er auf andere hat.
Schmeicheleyen haben nie ihren Grund in An=
erkennung eines wirklichen Verdiensts, oder ei=
ner wahren Vollkommenheit, sondern die fei=
len Seelen spenden sie blos darum aus, weil
sie davon ihren Vortheil erwarten.

* * *

CXXXVI.
Ein Friedfertiger lebt lange.

Nichts verzehrt die Kräfte des Lebens so sehr
und nagt so fürchterlich an der Gesundheit des
Körpers, als der Zorn; aber der Friedfertige
gleicht einem spiegelebenen Bach, den kein
Blättchen trübt und der ruhig durch die grünen
Wiesen dahin schlüpft. Auf einen friedlichen
Tag folgt allezeit eine süsse Nacht. Langes

und vergnügtes Leben, ist doppeltes Leben und das kann nicht anders erlangt werden, als wenn man mit sich selbst und den Menschen Friede hat. Man muß viel hören und sehen, aber wenig reden. Ein Friedfertiger lebt auch nicht nur, sondern vermöge seines edeln Karakters herrscht er auch über andere.

Bekümmere dich nicht um Dinge, die dich nicht zunächst angehen. Es ist nicht nur lächerlich, wenn du dir dergleichen wolltest zu Herzen nehmen und dich darüber erzürnen, sondern du schadest dir selber. Jede Minute Zorn raubt dir eine Stunde deines Lebens. Summire diese Stunden zusammen und du wirst dich wundern, um wie viel länger und dabey glückseliger du lebst, wenn du gegen diese verderbliche Leidenschaft unaufhörlich wachsam bleibest.

CXXXVII.
Urtheile mäßig von dir und deinen Geschäften.

Diejenigen Menschen, die am wenigsten nütze sind, haben gewöhnlicherweise die größte Einbildung von sich selbst. Die Hofnung, die man auf sich selbst setzt, scheitert aber meistens, wenn es zum Handeln kommt. Hochfliegende Einbildung ohne Erfahrung ist wahre Tollheit. Der gesunde Verstand schränkt die Meynung von sich selbst ein. Thust du etwas Grosses oder Gutes, erwirbst du dir durch deine Thätigkeit Verdienste um deine Mitbürger, nützest du ihnen mit deinen Arbeiten; so schweige dazu. Der bessere Theil derselben wird deinen Werth nie ganz verkennen, wird dirs danken, was du gethan hast, vielleicht manchsmal wohl, was du zu thun strebtest. Wolltest du aber deine Talente selbst erheben, so berechtigest du andere, vieles von dir zu erwarten und schadest deiner Ehre, wenn du es nicht leistest. Wolltest du selbst das bißgen Lob, das du etwa verdient hast, vor der Welt ausposaunen, so mußt du dichs nicht verdrießen lassen, wenn man dich zur grossen Familie der Thoren zählet.

CXXXVIII.

Der Weise schätzt jeden, wie ers verdient.

Es ist niemand in seiner Kunst oder Wissenschaft so vortreflich, daß er nicht einen finden könnte, der ihn übertröfe, der ihn wenigstens nicht in ein oder andern Dingen sollte zurecht weisen können. Wer das Gute, das jeder Mensch hat, zu schätzen und für sich selbst zu nutzen weiß, der kann sich einen beträchtlichen Schatz sammeln. Der Weise merkt bald, was einer Gutes an sich hat, und schätzt es, weil er weiß, wie vieles dazu erfordert wird, gut zu seyn und etwas gutes zu machen. Der Thor fühlt das nicht und schätzt niemand, als sich selbst, denn seine Thorheit ist vor seinen Augen verborgen. Eben darum ist auch die Weisheit die Mutter der edeln Bescheidenheit. Je mehr Genie und Verdienst, desto mehr Bescheidenheit. Je weniger Wissenschaft und Klugheit, desto mehr Hochmuth.

––––––––

CXXXIX.

Laß dich niemals mit Narren ein!

Wer den Thoren kennt und sich doch mit ihm einläßt, ist ein grösserer Thor, als jener selbst. Mit ihnen umgehen ist gefährlich, aber sie gar zu seinen Freunden machen, ist schädlich. Ob gleich ihre eigene Furchtsamkeit und die wachsame Beobachtung anderer sie eine Zeitlang in Schranken hält, so bricht doch endlich ihre Narrheit, wie ein lang verhaltener Strom aus. Nur in einem einzigen Fall können die Narren, ohne daß sie es selbst wollen, nützlich seyn, nemlich, daß man aus ihrer Narrheit weiser wird und aus dem Schaden, welchen die Thorheit

allezeit stiftet, klug seyn lernt. Der Weise be=
merkt die Unarten des Thoren, sieht wie häß=
lich sie sind und sucht sie zu vermeiden; aber
der Thor kann die Weisheit weder erkennen
noch nachahmen.

CXL.
Propheten gelten nichts in ihrem Va=
terlande.

Die Regel der Epheser: „Ist einer unter
uns gelehrt, so zieh er aus und sey es an=
derswo!” gilt leider fast allenthalben auf
dem Erdboden, und wer seinen Werth will
geltend machen, muß durchaus nicht in sei=
nem Vaterlande bleiben, besonders wenn es
eine aristokratische oder demokratische Ver=
fassung hat. Die Leute können sich die Idee
nicht in den Kopf bringen, wie sie sich von
dem sollen beherrschen oder unterrichten las=
sen, den sie einst auf dem Steckenpferd rei=
ten, oder ein Rad auf dem Markt treiben
sahen, und begreifen nicht, daß er seitdem
die Kinderschuhe weidlich ausgetreten hat.
Das Vaterland ist gemeiniglich der Verdien=
ste Stiefmutter, und darum haben es öfters
die größten Männer verlassen und sich ein
anders gesucht. Der Neid verfolgt sie auf

allein Wegen und eine einzige Unvollkommen=
heit macht für all ihre übrige Talente un=
empfindlich. Der Mensch sieht immer den=
jenigen, der glücklich geworden ist, wenn er
vorhin auf gleicher Stufe mit ihm stand,
mit scheelen Augen an.

Es ist eine gewisse herrschende Schwach=
heit, daß man das Ausländische immer für
vortreflicher zu halten gewohnt ist, als ob
auf eigenem Boden kein gutes Gewächs
fortkommen könnte. Mancher ist in seinem
Vaterlande so wenig geachtet worden, daß er
in Hunger und Elend schmachtete, und doch
stralte eben dieser als ein Stern der ersten
Grösse, so bald er ausgewandert war. Oef=
ters glänzt man freylich nur in die Ferne
und die Gegenwart schwächt die hohe Mey=
nung, dann ist es dem guten Vaterlande
wohl auch zu verzeihen, daß es den Pro=
pheten nicht allzuviel gelten ließ.

CXLI.
Der Weg zur Ehre.

Dieser ist nicht anders, als durch Fleiß
und Tugend zu finden. Aufrichtigkeit des
Herzens ist eine sehr schätzenswürdige Eigen=
schaft, aber bey weitem nicht allein hinläng=

lich, eben so wenig als Artigkeit im Umgang einen zum Mann von Verdienst macht.
Ohne Fleiß und Tugend mangelt es überall,
aber wer diese besitzt, und bey Gelegenheit
sehen läßt, daß er sie habe, wird des rechten Wegs nicht verfehlen.

CXLII.
Der Mensch will hoffen.

So wesentlich nothwendig dem menschlichen
Körper das Athemholen ist, so wenig kann
der Geist die Hofnung ganz entbehren. Wenn
man alle Schätze der Welt und ihre Herrlich-
keit besäße, so würde sich frühzeitig der Eckel
einstellen. Die Kinder verlangen eine Sache
mit Weinen und Ungestüm und wenn man sie
ihnen giebt, so werfen sie solche bald wieder
mit Ueberdruß von sich. Die Hofnung macht
das Leben angenehmer, denn jede Lust wird
nach völliger Sättigung bitter, wenigstens ist
sie nicht so schmackhaft mehr. Gib jemand
eine Belohnung halb, und laß ihn aufs übrige
hoffen; so hast du doppelte Wohlthat gethan.
Wer nichts mehr zu hoffen hat, fängt an zu
fürchten und seine Glückseligkeit ist dahin;
denn die Furcht fängt gemeiniglich da an, wo
das Verlangen aufhört.

CXLIII.

Viel Narren sieht man und noch mehr
sind es.

Die Narrheit ist die Königin der Welt,
und die Weisheit vermags nicht, ihr den
Zepter zu entwinden. Diejenigen sind indeß
doch die größten Thoren, die es nicht glauben wollen, daß sie Thoren sind und die lieber andere dafür halten. — Der heilige
Antonius hat es vorausgesagt, daß es so
kommen werde, und ob es gleich in seinem
Hirnkasten oft gar entsetzlich spukte, wie des
mehrern in Zimmermanns Buch von der
Einsamkeit zu finden ist, so hat er doch einmal den sehr wahren Gedanken von sich hören lassen: „Es kommt eine Zeit, da die
„Menschen Narren seyn werden, und wenn
„sie dann einen Menschen sehen werden,
„der kein Narr ist, so werden sie sich gegen
„ihn auflehnen, als wäre er, weil er nicht
„ist wie sie, der einzige Narr in der
„Welt." —

Es macht noch keinen Weisen, wenn
jemand sich selbst dafür zu halten geneigt ist.
Derjenige ist es vielmehr, der es nicht glaubt,
und sich seiner Schwachheiten bewußt ist.
So voll die Welt von Thoren ist, so wenig

halten sie sich selbst dafür und eben darum
werden sie ihre Schellenkappe nimmermehr
ablegen.

CXLIV.
Worte und Werke machen den Menschen vollkommen.

Es läßt sich leicht etwas sagen, aber nicht
so leicht etwas thun. Daher sind schöne
Thaten auch das Wesen des menschlichen
Lebens, schöne Worte geben blos dem Mann
eine Zierde. Worte sind nur Schatten der
Werke. Jene vergehen, diese hingegen sind
ewig. Wer viel schönes sagen kann, von
dem sollte man billig fordern können, daß
er auch viel schönes thun solle. Ein Redner,
dessen Handlungen seine Worte zu Lügnern
machen, gleicht der buntfarbigen Blume, die
keinen Geruch hat, das Auge lockt, und
sonst keinen Sinn ergötzet.

Handeln, aber nicht reden, macht den
Mann. Einst fragte jemand den Themistocles; ob er lieber Achilles oder Homer
seyn möchte? — „Das heißt eben so viel —
sagte er — ob ich lieber der Herold als
der Ueberwinder seyn wolle?”

CXLV.

CXLV.
Behandle was leicht ist als etwas schweres.

Aus zu grossem Vertrauen auf seine Kräfte könnte man sie leicht bey einem mit wenigen Schwierigkeiten verknüpft scheinenden Fall sparen, könnte die Arbeit schon für halb gethan halten, und folglich Fehler begehen, da hingegen der Fleiß auch unmöglich scheinende Dinge überwältigt. Grosse Unternehmungen müssen mit Leichtigkeit und frischem Muth angegriffen werden, oft ohne lange Berathschlagung, damit nicht das Feuer des Geistes über dem Hin und Hersinnen verrauche. Es könnte sich wohl gar auch der Fall ereignen, daß in Betracht der Schwierigkeiten die ganze Sache unausgeführt bliebe.

CXLVI.
Durch Verachtung gewinnen.

Der Fall ist gar nicht selten in der Welt, daß man dasjenige, was man mit heissem Eifer und Streben sucht, nicht erhält und daß einem hingegen das in die Arme läuft, was einem ganz gleichgültig war. Die sprödeste

Schöne, die nichts erweichen wollte, weicht der
Gewalt, wenn man sich des Wielandischen
Universalmittels bedient:

> „Verachten, kleiner Thor, verachten!
> Von allen den remediis
> Amoris, glaube mir,
> Hilft keins so gut wie dies.”

Verachtung eines Feindes ist besser als
Vertheidigung gegen ihn, denn durch diese
hilft man oft einem obscuren Namen zum Be=
kanntwerden. Schlechte Leute suchen ordent=
lich etwas dahinter, mit berühmten Männern
anzubinden, damit sie durch ihre Gegner we=
nigstens bekannt werden, weil ihnen kein rühm=
licherer Weg übrig bleibt. Man verbot, den
Namen Herostratens zu nennen, der eben
dieser Begierde zu Liebe den Dianentempel
in Brand steckte. Dies sollte sich in Absicht
seines niedrigen Feindes jeder Ehrenmann von
einigem Ansehen zur Regel dienen lassen.
Vergessen ist allezeit die rühmlichste Rache, denn
dadurch werden solche Leute in ihr eigenes
Nichts begraben. Du kannst die Zunge des
Lästerers mit nichts leichter bändigen, als wenn
du auf seine Schmähungen gar nicht antwor=
test, ruhig vorbey gehst, wenn er dich mit
Koth bewirft und nicht saurer siehst, als —

quasi te*nus calcitrasset. — Ein Athenien-
ser fragte einst einen andern, warum er so
übel von ihm spreche? „Weil du dich darüber ärgerst;" war die Antwort: Dein Aergerniß ist Kützel für den Neid, aber deine
Ruhe sein Gift, wenn er sie nicht zu unter-
brechen vermag.

CXLVII.
Mäßige dich!

Die Anfälle der Leidenschaften kommen schnell
und überraschen dich unversehens, wenn du
dich also nicht wohl zu mäßigen weißt, so
kann es um deine Klugheit und um die Ruhe deines Herzens geschehen seyn. Eine einzige zornige Minute, eine kleine unbesonnene
That, kann dir auf deine ganze Lebenszeit
Reue bereiten. Die Bosheit stellt dem Rechtschaffenen immer heimliche Netze und bedient
sich am sichersten seiner Leidenschaften, um seinen Fall zu bewirken. Derjenige ist der wei-
seste, der den Zügel dazu immer wachsam in der
Hand hält. Wer eine bevorstehende Gefahr
kennt, der geht bedächtlich. Wäge nicht jedes Wort auf der Goldwage! Vielleicht hat
es der andere unbefangen und ohne feindseli-

ge Abſicht geſprochen. Er hält es vielleicht für
geringe; nimmſt du es aber hoch auf, ſo kann
Feindſchaft in euren Herzen entſtehen, die,
wenn ſie zum Ausbruch käme, ſchlimmere Folgen nach ſich ziehen könnte, als du dir ein-
bilden magſt.

———

CXLVIII.
Bediene dich der Wahrheit mit Maaße.

Heut zu Tage muß die Wahrheit, wenn ſie
Eingang finden ſoll, im allerſtrengſten Inco-
gnito reiſen. Sie iſt dem Thoren und Bos-
haften eine bittere Pille, und da oft ein mäch-
tiger Mann im Kleide der Thorheit oder
Bosheit ſteckt, ſo wird es wohl gethan ſeyn,
wenn du dich auch gedrungen fühlſt, ſie zu ſagen, daß du ſie, ſo viel möglich überzuckerſt.
Sage ſie nicht leicht einem ins Geſicht. Iſt
auch derjenige allenfalls gegenwärtig, dem deine Lektion gelten ſoll, ſo nenne lieber einen
Abweſenden, Verſtorbenen, oder Unbekannten.
Einem der ſich ſelbſt kennt, braucht man nur
ein kleines Zeichen zu geben, er wird es ſchon
merken, und hilft das nicht, ſo iſts am be-
ſten, man ſchweige. — Die Wahrheit gleicht
einer züchtigen Jungfrau, die ihr reizendes

Geſicht immer verſchleyert, damit man von ihrer Schönheit nicht zurück geſchreckt werde.

CXLIX.

Glückſelig, wer die Welt
Für kein Eliſium, für keine Hölle hält!

Wir leben gleichſam mitten zwiſchen zwey Extremen und können folglich von jedem etwas ge-
nieſſen. Das Schickſal treibt einen ewigen Wech-
ſel mit uns. Wir finden weder lauter Glück, noch
auch treffen uns lauter widrige Zufälle. Wohl
und Weh ſind ſo weiſe vertheilt, daß eines immer dem andern die Wage hält. Jenes ſoll
uns nicht übermüthig machen, dieſes nicht zur
Erde niederdrücken. Wer das Gute dankbar
genießt, das ihm die gütige Vorſicht für jeden
Tag, für jede Minute ſeines Daſeyns bereitet,
der wird nicht ungeſtüm klagen, wenn zuweilen
eine Wolke vor die Sonne tritt, ſondern ſich
damit beruhigen, daß es auch nothwendig ſey.

Das Leben gleicht einem Schauſpiel, deſ-
ſen Entwickelung erſt im letzten Auftritt geſchieht.
Erſt am Ende ſieht man wie und in der Ewig-
keit warum es ſo gelaufen iſt. Wer es wohl
endet, hat das vorzüglichſte gethan.

CL.
Nicht zwey dumme Streiche für einen.

Es ist gar nichts seltenes, daß einer, der eine Thorheit begangen hat, noch deren etliche hinterdrein begeht, in Hofnung, die erste gut zu machen. Eine abgeschmackte Handlung wird oft noch weit abgeschmackter entschuldigt, denn die Vertheidigung einer schlimmen Sache ist alzeit noch schlimmer, als die Sache selbst. Der ist bey weitem der grössere Thor, der eine Narrheit begangen hat, die er nicht zu verbergen weiß, als derjenige, der sie nur begeht.

Der Weise kann straucheln und irren, denn er ist nichts weiter, als ein Mensch, aber so viel versteht er gewiß, daß er nicht eine Thorheit durch eine noch grössere gut machen will.

CLI.
Siehe den Leuten auf die Finger.

Wer sich vorgenommen hat, irgend eine Absicht durchzusetzen, läßt sie eben nicht geradezu sehen, sondern handelt so, als ob er ganz etwas anders im Sinn hätte. Er verbirgt seinen Plan, um zu dessen Ausführung um so

leichter zu gelangen. Er nimmt gerne einstwei=
len die zweite Stelle ein, denn es wird sich
schon Gelegenheit geben, einmal die erste zu
ergreifen. Wenn er nur erst sich den Wil=
len seines Gegners unterworfen und ihn sicher
gemacht hat, so kann er hernach seinen
Streich desto leichter ausführen. Laß daher
deine Aufmerksamkeit nie schlafen, da dein
Feind so wachsam ist. Wenn er die Ver=
stellungskunst an der Seite hat, so siehe wohl
zu, daß dich in so kritischen Augenblicken die
Klugheit nicht verlasse. Erforsche den Kunst=
griff, dessen er sich bedient, und arbeite ihm
muthig entgegen. Wenn du ihm etwas be=
willigest, so thue es nicht, bis du die Sache
erst von all ihren möglichen Seiten betrachtet
hast. Zuweilen ist es gut, deinem Gegner
merken zu lassen, daß dir seine Gedanken
nicht so ganz fremd seyen. Er wird viel=
leicht dadurch verwirrt und des Weges ver=
fehlen, den er zu deinem Schaden und seinem
Vortheil gehen wollte.

CLII.

Thue nichts aus Eigensinn, sondern alles mit Vorsicht.

Es giebt Menschen, die eine Handlung be=
gehen können, deren Schädlichkeit sie einse=
hen, sie aber nur darum ausführen, weil sie
wissen, daß es andern Verdruß macht. Lie=
ber schaden sie sich selbst, um nur einem an=
dern, der ihrer bedürfte, nicht vielleicht we=
nigstens mittelbar nützlich zu werden. Zu ge=
schweige, daß ein solches Beginnen nicht an=
ders als Thorheit genennt werden kann, so ist
es noch überdas schändlich. Derjenige muß
jeden, auch den kleinsten Funken von Freund=
schaft und Menschenliebe in seinem Herzen
erstickt haben, der seinem Eigensinn den Zügel
so weit schiessen läßt.

In allen Dingen handle vorsichtig, da=
mit du nicht Ursache habest, wenn die Sa=
che verdorben ist, deine eigene Thorheit an=
zuklagen.

CL. III.

Hüte dich, für einen listigen Menschen gehalten zu werden.

Klugheit ist besser als Arglist! Die Verschla-
genheit ist eine ganz gute Eigenschaft, aber sobald
sie die Grenzen der Klugheit überschreitet, wird
sie zum Laster, denn nun stempelt man sie mit
dem Namen Betrug. Ein offenherziger Mann,
der es mit Ueberlegung ist, und nur da, wo
er soll, ist eine schäzbare Perle. So wenig sich
die Aufrichtigkeit zur Einfalt erniedrigen darf,
eben so wenig darf aus der Klugheit Arglist werden. Besser ists, man ehre dich, als einen Weisen, als daß man dich als einen Arglistigen
fürchte. Aufrichtige Menschen werden geliebt,
obgleich leicht betrogen; arglistige immer gehaßt.

Oft wird die nöthige Vorsicht für Arglist
angesehen, daher verstecke sie und vermeide alles,
was einem Betrug ähnlich sehen könnte. Wer
den Ruhm hat, daß er in allen, oder doch den
meisten Fällen wisse, was er zu thun habe, wird
geehrt; wer aber für künstlich und listig gehalten wird, gegen den ist man mißtrauisch und
er wird als ein Bösewicht geflohen. Lieber laß
dich betrügen, wenn es ja nicht zu vermeiden
ist, als daß du betrügen solltest.

CLIV.

Haft du keine Löwenhaut, so nimm einen Fuchsbalg.

Man hat es, nach dem Urtheil des Cicero, immer für ein Zeichen von der Weisheit eines Mannes gehalten, wenn er sich in Zeit und Umstände zu schicken wußte. Wer den Zweck seiner Unternehmungen erreicht, der verliert nie seinen Ruhm, und was dir an Macht gebricht, mußt du durch Geschicklichkeit zu ersetzen suchen, und wirklich richtet sie oft mehr aus, als Gewalt. Oefters hat der Weise einen Tapfern, als der Tapfere einen Weisen besiegt. Wenn ein Unternehmen aber fehl schlägt, so ist der Verachtung Thür und Thor geöfnet.

CLV.

Schweigen gereut selten.

Die Zunge, wenn sie einmal fesselfrey ist, gleicht einem wilden Thiere, das so leicht nicht wieder an seine Kette zurück zu bringen ist, so bald es sich einmal losgerissen hat. Wie der Arzt aus dem Pulse des Kranken die Stärke oder Schwäche seines Fiebers beurtheilt; so erklärt sich der Kluge aus der Zunge eines Menschen die Beschaffenheit seiner Seele und die

Bewegungen seines Herzens. Der Weise hält
sie daher im Zaum, um sich vor Zank und Verdruß zu hüten, welche die Ruhe des Lebens töd-
ten und jede Freude verbittern. Er handelt
vorsichtig, spricht mit Behutsamkeit, und urtheilt mit Vorsicht. Ein Wort, unbedachtsa-
merweise gesprochen, kann viele Gemüther
in Flammen setzen. Also denke zuvor, ehe
du redest, und rede nicht, ehe du denkest, es
möchte dich sonst gereuen, und wenige Menschen, wenn sie einmal aufgebracht sind, lassen
sich durch Reue versöhnen.

CLVI.
Sey kein Sonderling!

Wer sich nicht durch Tugend oder Verdienste,
sondern nur durch Besonderheiten vor andern
Menschen auszeichnen will, wird belacht und
verdient es auch, wie jeder, der die Natur
verhunzt. Es sind warlich armselige Menschen, die weder Geist noch Herz erheben kann,
und die, um auffallend zu werden, zur Thorheit des Affektirens ihre Zuflucht nehmen müssen. Was jedermann gut und schön findet,
das verachten sie, was allgemein zur unschäd-
lichen Mode geworden ist, dem streben sie zuwider. Ein Sonderling zu seyn, dient zu

nichts weiter, als allenfalls dazu, daß man
ein Muster der Abgeschmacktheit darstellt, wor
rüber ein Theil der Menschen lacht, der andere
sich ärgert, und daß man sich selbst alles ver
nünftigen Umgangs beraubet.

CLVII.
Fasse kein Ding bey der unrechten Seite an.

Alle Dinge in der Welt haben zwey Seiten.
Die beste Sache schadet, wenn man sie am
verkehrten Orte angreift, da im gegentheiligen
Fall die allerunbequemste brauchbar werden
kann. Manches Ding hat einem Menschen
Verdruß gemacht, das ihm, wenn er dessen
Güte recht erkannt hätte, Vergnügen gewährt
haben würde. Man findet überall Gutes und
Böses; wohl dem, der jenes gleich treffen
kann! Manche Menschen machen sich ein or
dentliches Geschäfte daraus, an allen Sachen
die schlimmste Seite aufzusuchen. Warlich,
ein Vergnügen, um das niemand zu beneiden
ist. Das beste Mittel wider alle Unfälle, und
zugleich das einzige, in jedem Stande zufrieden
zu leben, ist, daß man sich gewöhne, an jeder
Sache die beste Seite zu suchen. Wer unglück
lich ist, und dabey denkt, daß ers noch weit

mehr ſeyn könnte, der iſts ſchon um einen be‐
trächtlichen Grad weniger.

***

CLVIII.
Lerne deinen Hauptfehler kennen.

Alle Menſchen, das iſt bekannt, haben ihre
Fehler, aber jeder hängt einem darunter vor‐
züglich nach, der ſeiner Haupttugend das Ge‐
gengewicht hält. Wenn natürliche Neigung
ihn noch unterſtüzt; ſo herrſcht dieſer Fehler als
ein Tyrann. Dieſen Hauptfehler bemühe dich
kennen zu lernen, dann iſt er um ſo leichter
zu beſiegen, beſonders wenn er dir in eben der
Gröſſe erſcheint, wie denen, die dich unbefan‐
gen beobachten. Wer Herr über ſich ſelbſt wer‐
den will, muß nothwendig auf ſich Acht haben.
Wer dies unterläßt, wird nie ſich ſelbſt kennen
lernen, folglich ewig von der erſten Stufe der
Weisheit entfernt bleiben. Freylich iſt das
„Lerne dich ſelbſt kennen!” leichter geſagt, als
ausgeführt. Man ſetzte den, von dem dieſer
Spruch herrührt, unter die ſieben Weiſen
Griechenlandes, aber noch niemand hat die
Stelle des achten erhalten, weil er die Regel
vollkommen erfüllt hat. Einige Menſchen wiſ‐
ſen ſo wenig von ſich, als ſie von andern vie‐
les wiſſen. Der Thor kümmert ſich um die

kleinsten Vorfälle in anderer Leute Häusern, und
in seinem eigenen kehrt er nie ein, um den
Hauswirth über dies und jenes zur Rede zu
setzen.

CLIX.

Schwöre nicht auf deines Lehrers Meynungen.

Nachbeten ist etwas sehr gemeines; Selbstden-
ken aber eben so selten, als jenes gewöhnlich
ist. Der Mensch vermeidet so gerne, was ihm
Anstrengung kostet, und schlummert lieber auf
dem weichen Kissen der Bequemlichkeit. So
lange wir Kinder sind, müssen wirs uns gefallen lassen, daß man uns dies und jenes einplau-
dert, weil die Alten es selbst nicht besser wissen;
aber wenn wir zu Männern geworden sind, sollten wir aufhören, uns als Kinder behandeln zu lassen. Von Leuten, die es nie wagen, über die Linie
zu springen, die der Herr Präceptor gezogen hat,
kann man wohl in allem Ernst sagen, die Seele sey
ihnen blos statt des Salzes gegeben, damit der
Körper nicht in Fäulniß gehe. Wer sich immer
nur an das hält, was man ihm gesagt hat,
verräth sehr eingeschränkte Fähigkeiten des Geistes, kauft tausendmal Irrthum für Wahrheit,

und ist alle Augenblicke seines Lebens in Gefahr,
aufs ärgste betrogen zu werden.

CLX.

Hüte dich, daß du in Ruf kömmest, ein böses Maul zu haben.

Wer einmal in diesem Ruf steht, den scheut
und fürchtet jedermann als eine Geisel. Sey
nicht voll boshafter Einfälle, wenn man von
andern, besonders Abwesenden, redet, die sich
nicht vertheidigen können. An einem Lästerer
rächet sich jedermann und spricht übel von ihm.
Ist erst eine grosse Anzahl Menschen von seiner
Bosheit überzeugt, so steht er allein, wie ein
einsamer Baum und niemand nimmt sich seiner
an. — Laß das Böse niemals das Vergnügen
deiner Unterhaltung seyn.

Wer schlimm von andern spricht,
Ist selbst ein Bösewicht.

CLXI.

Theile dein Leben als ein Klüger ein.

Ein Leben ohne Erquickung, gleicht einem lan-
gen Weg, über eine dürre und sandigte Häide,
worauf man keine Herberge findet; aber eine
weise Abwechslung und Veränderung macht es

erst glückselig. Die erste Pause gehört für die Unterredung mit Verstorbenen. Aus ihren nachgelassenen Schriften sollen wir Weisheit und Kenntnisse schöpfen, damit wir unsre eigene Seele erhellen, und dann das Licht weiter umher verbreiten. Die zweyte Eintheilung der Zeit gehört für die Lebendigen. Suche die besten Menschen und alles was schönes und nüzliches gefunden werden kann, überall auf, und endlich die dritte wibme dir selbst.

Der Weise geizt mit der Zeit, denn er weiß nicht, wie lang er hienieden zu bleiben hat.

CLXII.
Thue die Augen auf, wenn es Zeit ist.

Wer etwas zu spät sieht, dem nützt es gerade so viel, als ob ers gar nicht gesehen hätte. Manche Menschen thun die Augen erst auf, wenn nichts mehr zu sehen ist. Wenn ihr Vermögen verschleudert, ihr Gut in fremden Händen ist, dann finden sie, daß sie ihre Sachen unrecht angefangen haben und wollen nun haushälterisch werden. Wer nicht klug werden will, der ist schwer klug zu machen und muß es durch Schaden werden. Man spielt in Gesellschaft blin-

blinde Kuh mit ihnen und die Anwesenden treiben ihren Spott mit ihnen. So wie sie die
Augen schliessen, um nicht zu sehen, so wollen
sie mit ihren Ohren auch nicht hören. Es giebt
Leute, die sichs zum Geschäft machen, eine solche Sinnlosigkeit zu unterhalten, weil sie dabey
gewinnen wollen. — Wer den Weltlauf ein
wenig kennt, wird seine Augen aufthun, damit er nicht betrogen wird.

CLXIII.
Laß dein Werk nicht eher sehen, als bis es fertig ist.

Anfangs ist alles mangelhaft, und wer etwas
in diesem Zeitpunkt sieht, kann sich unmöglich
die richtigen Begriffe davon machen. Erinnert man sich in der Folge dieser Unvollkommenheiten, so wird man sie, auch wenn sie nicht
mehr da seyn sollten, unmöglich ganz vergessen können. Die köstlichste Speise verliert
ihren gehörigen Reiz, wenn man ihre Zube-
reitung gesehen hat. — Ahme hierinn der
Natur nach, die nichts öffentlich zeigt, bis
sie es vollkommen darstellen kann, und verbirg
die Werke deines Geistes und deiner Hände
so lange, bis du glaubst, daß nichts mehr

daran zu beſſern ſey. Dann wird ihr An=
blick überraſchen und dir Lob und Ruhm er=
werben.

CLXIV.

Auch geringe Dinge halte deiner Aufmerk=
ſamkeit werth.

Man muß nicht nur viel wiſſen, ſondern
auch manches erfahren, was den gewöhnlichen
Gang des Lebens betrift. Unwiſſenheit hie=
rin macht, daß oft der Gelehrteſte betrogen
wird. Gewohnt, abſtrakt zu denken, und
das Aug auf höhere Gegenſtände zu heften,
vergeſſen ſie, das alltägliche anzuſehen, das
doch eben ſo nöthig iſt. Eben daher mag
es kommen, daß der gemeine Haufe den Ge=
lehrten und Sonderling gewöhnlich in einer=
ley Klaſſe zu werfen pflegt. Alſo bekümme=
re dich auch um die geringern Gegenſtände
im menſchlichen Leben, damit du weder be=
trogen, noch ausgelacht werdeſt. Wozu dient
es, etwas zu wiſſen, wenn man über das
Gewöhnliche, das täglich nützlich oder ſchäd=
lich werden kann, fremde bleibt? die nüzlichſte
aller Künſte iſt — die Kunſt zu leben.

CLXV.

Studire die Neigungen anderer.

Blos weil mancher die Neigungen der Menschen nicht kennt, erregt er da Verdruß, wo
er Vergnügen zu machen hofte. Man kann
sich mit einer und der nemlichen Sache den einen verbindlich, den andern verdrüßlich machen,
und folglich hoft man vielleicht einen guten
Dienst zu erweisen, indem man sich eben dadurch verhaßt macht. Du glaubst durch deine
Redseligkeit zu ergötzen; und siehe, du fällst
beschwerlich. Du meynst, etwas zu loben,
und sagst die bittersten Sottisen. Unaufhörlich
wirst du dergleichen Fehler begehen, so lange
du die Neigungen derer, mit denen du zu thun
hast, nicht kennest.

CLXVI.

Verpfände niemals deine Ehre, wenn dir
ein anderer nicht die seinige schon zuvor
verpfändet hat.

Vertraue dich nicht leicht einem andern, und
wenn es geschieht, so sey es mit solcher Behutsamkeit, daß derjenige, dem du dich vertrau-
test, keinen Vortheil davon haben kann. Die

Gefahr muß auf seiner Seite eben so beträcht-
lich seyn, die ihm zuwachsen würde, wenn du
ihn verrathen könntest. Nur so gehst du sicher
und hast ein Schloß an des andern Herz und
Mund geschlagen, das er so leicht nicht erbrechen
wird.

CLXVII.
Fordern hat auch seine Zeit.

Es giebt Menschen, die so gutherzig sind,
daß sie durchaus nichts abschlagen können, und
bey diesen ist das Fordern eine leichte Sache. Allein es giebt im Gegentheil auch
solche, deren erstes Wort bey jeder Gelegenheit Nein ist. Hier braucht es mehr Geschicklichkeit. Man muß, will man von ihnen etwas erlangen, gerade die rechte Zeit
und gute Laune abwarten, doch so, daß sie
es nicht merken, daß man darauf ausgehe.
Wenn ihnen ein unverhoftes Glück oder
Vergnügen zugestoßen ist, so wird sich ohne
Zweifel auch äusserlich die innere Freude spü-
ren lassen. Wenn man sieht, daß sie schon
einem andern Bittenden etwas verweigert haben, so wage man es nicht, mit einer For-
derung zu kommen, denn es mögte vergebens
seyn. Sind solche Leute traurig, so ist nichts

mit ihnen auszurichten. Aber die Freude
ist die Mutter der Wohlthätigkeit und hat
immer zum Geben die Hände offen.

CLXVIII.

Nimm nicht an deiner Obern Geheimnissen Theil.

Es ist immer gefährlich, um Geheimnisse
wissen und viele haben dadurch ihren Unter=
gang gefunden, weil ihnen zu viel ist anver=
traut worden. Vertraulichkeit von einem
Grossen ist keine Gnade, sondern eine Last
und eine beschwerliche Auflage auf das Leben
desjenigen, dem sie widerfährt. Der un=
glückliche Spieler zerbeißt die Kartenblätter
vor Wut, und der Häßliche schlägt den
Spiegel entzwey, weil er ihm seine wahre
Gestalt zeigt. So kann ein Grosser den, der
seinen schlechten Handlungen zugesehen hat,
nie mit einem freundlichen und argwohnlosen
Auge ansehen. Es ist — so wenig Lohn
man manchmal auch dafür einerndtet —
immer besser, einem grossen Herrn Dienste
erweisen, als Gnaden empfangen, und ver=
traute Freundschaft ist immer gefährlich. —
Wer dem andern Geheimnisse vertraut, macht
sich zum Sklaven. Wie sollte ein Fürst, der

zu herrschen gewohnt ist, das lange ertragen können? Er wird seine Freiheit wieder suchen und der Günstling muß fallen. Bey Geheimnissen ist die beste Maxime, daß man sie weder höre, noch von ihnen rede.

CLXIX.
Sey nicht zu genau nehmend.

In allen Dingen ist die Mittelstraße die beste. Sey empfindlich für deine Ehre, aber laß dich nicht jede elende Kleinigkeit so in Harnisch jagen, daß du bereit wärest, Blut und Leben aufzuopfern. — Untersuche die Wahrheit, aber hüte dich vor Subtilitäten, denn sie helfen zu nichts. Aus gar zu vielem Disputiren wird zuletzt ein Gezänk und der Kluge gewinnt öfters beym Nachgeben.

CLXX.
Manchmal sich dumm stellen, ist auch gut.

Oft ist die beste Wissenschaft, daß man sich stelle, als ob man nichts wisse. Antworte dem Narren nach seiner Narrheit, spricht Salomo, denn mit Klugheit richtet man wenig aus. Hast du einen pfiffigen Gegenpart, so kannst du vielleicht eben aus der Ursache über ihn siegen, weil er sich vor dir nicht fürchtet, weil er dich für dumm ansieht, und folglich nicht mit gehöriger Aufmerksamkeit handelt. Der beste Streich kann mißlingen, wenn man sich seinen Gegner entweder zu dumm, oder zu klug vorstellt. Jenes macht sicher, dieses furchtsam und beydes wirft Hindernisse in den Weg, die den Ausgang der Sache unendlich verändern und nicht selten verschlimmern.

CLXXI.

Ertrage Scherzreden, aber sey selbst vorsichtig damit.

Wer in Gesellschaft keine Scherzrede ertragen kann, hat im Kapitel von guter Lebensart noch nicht viel gelernt. Sollte sie auch auffallend seyn, so übergehe man sie mit Stillschweigen. Oft sind die wichtigsten Wahrheiten im Scherz gesagt worden und wer nur immer recht aufmerksam dabey seyn wollte, könnte in Absicht der Selbsterkenntniß vieles gewinnen. Aber eben darum, weil eine Scherzrede so leicht einer verkehrten Auslegung fähig ist, so sey du selbst sparsam damit, wenn du nicht in Verdrüßlichkeiten gerathen willst. Prüfe die Leute wohl, die du vor dir hast, ob sie fähig sind, einen Scherz zu ertragen.

CLXXII.

Was du begonnen haſt, das vollende.

Es giebt Menſchen, die immer nur anfangen, aber etwas vollenden können ſie niemals. Sie kommen in keiner Sache zum Zweck und vermöge ihrer Flüchtigkeit hat nichts bey ihnen einigen Beſtand. Es iſt ſchön, Schwierigkeiten überwinden und ſo lange zu arbeiten, bis keine mehr vorhanden iſt. Iſt dein Unternehmen gut; warum wollteſt du auf halbem Wege ſtehen bleiben und nicht ausführen? Iſt es böſe; ſo ſollteſt du eigentlich nie einen Anfang dazu machen.

CLXXIII.

Sey nicht allezeit redlich wie die Tauben.

Die Liſt der Schlangen muß mit der Redlichkeit der Tauben gepaart ſeyn. Wer gar zu aufrichtig iſt, wird auch ſehr leicht betrogen. Wer die Lüge haſſet, glaubt gerne und wer ſelbſt nicht betrügt, fürchtet auch nicht, daß er betrogen werde; aber leider werden dieſe Menſchen erſt durch Schaden klug und noch glücklich, wenn ſies nur durch den Schaden anderer werden. — Sey niemals öffentlich ſo redlich, daß andere daraus eine Regel nehmen, dich zu betrügen.

CLXXIV.

Das letzte ist nicht allezeit das Beste.

Viele Menschen hangen demjenigen mit größter Strenge an, was ihnen zuletzt ist gesagt worden und vertheidigen eine vorgefaßte Meynung aufs äusserste. Solche Leute hat man niemals gewonnen, denn da ihnen der Geist der Prüfung fehlt, so kann ihnen ein anderer leicht wieder etwas einplaudern, das sie in ihrer vorigen Ueberzeugung irre macht. Sie werden von einer beständigen Ebbe und Flut ihrer Meynungen herum getrieben, und ihr Verstand und Wille wird bald auf diese, bald auf jene Seite gelenkt.

Eine schlimm angefangene Sache kann auch zuletzt nicht gut werden, und die Regel, daß das letzte allezeit das beste sey, wird im menschlichen Leben unzähligemal hinken.

CLXXV.

Nicht ganz für dich, aber auch nicht ganz für andere.

Wer gar nichts für sich thut, der thut auch nichts für andere, aber wer nur allein für sich sorgt und nie seinen Nächsten durch freundlichen Beytritt froh macht, vergißt die Pflichten der

Menschenliebe und seine eigene Bestimmung.
Sey aber auch nicht ganz für andere, sonst
würdest du dein eigen Glück darüber bey Seite
setzen und das wäre mehr, als deine Pflicht
von dir forderte. Theile mit Weisheit ein.
Handle für dein eigen Wohl, so viel in deinen
Kräften steht, und dann richte den Blick auf
andere, die Rath und Hülfe bedürfen. Steh
ihnen bey, so werden sie es wieder thun, wenn
du — welches alle Tage geschehen kann, ihrer bedürftig bist.

─────────

CLXXVI.
Halte einen kleinen Schaden nicht für gering.

Böses und Gutes hängt in der Welt wie die
Glieder einer Kette zusammen, und es muß der
Erfahrung gemäß seyn, weil der Satz so gar
zum Sprichwort geworden ist, daß ein Unglück
selten allein kommt, sondern immer mehrere
nach sich zieht. Aus einer kleinen Widerwär-
tigkeit können grosse unglückliche Folgen entstehen und darum darf man wohl auf sie Acht haben. Es ist eine Kleinigkeit, gleiten oder straucheln, aber es kann unmittelbar ein grosser Fall
darauf folgen. Was der Himmel schickt, das
leide geduldig; was dir die Welt bereitet, das

suche durch Klugheit zu erleichtern. Bereite dich bey Zeiten darauf vor, damit du dich zu fassen wissest, denn wenn das Unglück dich überrascht, so wird es auch an gutem Rath fehlen.

CLXXVII.
Wenig, aber oft.

Man muß sich zu mehr nicht verbindlich machen, als man zu leisten vermögend ist. Beschwere die Erkenntlichkeit der Menschen nicht zu sehr, denn wenn sie sich nicht im Stande fühlen, dir es wieder zu vergelten, so könnten sie sich leicht zurück ziehen. Wer viel Freunde verlieren will, erzeige ihnen nur zu viele Wahlthaten auf einmal. Können sie nicht mit ähnlicher Münze bezahlen, so fühlen sie, es sey ihnen schimpflich, nichts dagegen geben zu können. Sie möchten von ihrer Schuld gerne los seyn, werden undankbar, treten mit dir aus der Verbindung, und wollen dich nicht mehr sehen, daß sie nicht danken dürfen. Gieb wenig, aber oft. Dadurch setzest du deine Freunde dem Undank und Zurücktreten nicht aus, denn sie sehen deine Wohlthat als eine solche an, die sie mit Gelegenheit wieder ersetzen können. Gieb dasjenige, was man eifrig verlangt, das

dir nicht theuer kommt, und es wird am höch=
sten geschätzt werden.

CLXXVIII.

Weiche dem groben Narren mit Höf=lichkeit aus.

Man kann alle Tage Stöße von Narren be=
kommen, und bekommt sie gewiß, wenn man
sich mit ihnen in Streitigkeiten einläßt. Rüste
dich mit Klugheit, dann wird nie ein Thor
dich überwinden. Das Leben ist eine sehr ge=
fährliche Schiffart, denn allenthalben giebt es
Klippen, an denen man scheitern kann. Das
sicherste Mittel aus allen Händeln zu kommen,
ist, wenn man mit Höflichkeit dem Grobian
ausweicht.

CLXXIX.

Brich nicht leicht mit deinen Freunden.

Die Ehre eines Mannes leidet allezeit dabey,
wenn er mit seinen Freunden bricht, auf eine
oder die andere Art und immer ist Schaden da=
von zu gewarten. Hast du nicht vorher wohl
geprüft, so ist es deine Schuld, denn jeder Mensch
kann dein Feind, aber nicht jeder dein Freund
seyn. Wenige sind fähig gutes zu thun, aber

schaden können verhältnißmäßig alle. Kommt
es zum öffentlichen Bruch, so machen sich genug
eine Freude daraus, deinem Gegner beyzuste=
hen und die heimlichen Feinde, die sich vorher
nur in den Winkeln aufhielten, treten daher
und blasen Feuer an.

Es giebt keine erbittertern Feinde, als die=
jenigen Menschen, die vorher Freunde gewesen
sind. Jeder von denen, die es mit ansehen,
daß man das Heiligthum einer ehemaligen
Freundschaft an die Schandsäule des Hasses
ausstellt, denkt davon, was ihm beliebt. Ist
der Bruch ja unvermeidlich, so trachte man
wenigstens, daß er entschuldigt werden kann.
Wenn es möglich ist, so lasse man ihn nicht zur
allgemeinen Kunde gelangen. Am besten wäre
wohl, wenn man sich im Stillen zurückziehen
könnte, ohne daß andere davon wissen.

CLXXX.
Suche Theilnehmung.

Wer Theilnehmer in seinem Unglück findet,
empfindet die Last seines Leidens nur zur Hälfte.
Wer, wenn er allein wäre, unterliegen mü=
ste, wallet getrost fort, wenn andere nur nicht
kalt bey seinem Schmerz bleiben. Es ist Wohl=
that für die gedrückte Seele, ihre Noth klagen

zu können, aber entsetzlicher Schmerz, wenn jeder es kalt anhört, steif die Achseln zuckt und wieder davon geht. Suche dich bey Zeiten an fühlende Menschenherzen anzuschliessen, dann wirst du Trost finden in Stunden des Grams und ihre Theilnehmung wird dein Leiden erträglicher machen.

CLXXXI.
Fahre nicht fort in einer Thorheit.

Einige Menschen sind so wenig geneigt, ihre Fehler abzulegen, daß sie wohl gar darin fortfahren und eine Ehre darin suchen. Ihr Herz verdammt ihre Thaten, indeß der Mund sie entschuldigt. Daher kommt es denn, daß derjenige, der anfangs sich nur den Vorwurf der Unachtsamkeit zuzieht, zuletzt zum Thoren oder Bösewicht gestempelt wird. Fühlst du, unrecht gethan zu haben, so kehre wieder um, und mache, wo möglich, deinen Fehler gut. Wer fortfährt, legt seine Einfalt oder Bosheit an den Tag.

CLXXXII.
Lerne vergessen.

Vergessenheit ist zuweilen das beste Mittel für das Unglück. Haben dich unangenehme Dinge betroffen, und du hängst ihnen mit deinen Gedanken nach, so quälen sie dich noch in der Erinnerung. Hat dein Feind dich beleidigt, so weiche ihm nicht nur aus, sondern suche auch das Andenken an die Beleidigung zu verbannen, sonst martert sie dich, auch wenn du von ihm ferne bist.

Das Gedächtniß ist zuweilen eine sehr ungetreue Freundin und erinnert uns gerade an das nicht, woran wir am liebsten erinnert seyn möchten; unangenehme Dinge hingegen frischt es stündlich auf. Darum weigerte sich Themistocles des Mittels, wodurch er sein Gedächtniß stärken könnte, denn ich erinnere mich, sagte er, leider nur an gar zu vieles, was ich so gerne vergessen möchte.

CLXXXIII.
Man muß nicht alles besitzen, was einem angenehm dünkt.

Gewöhnlich ergötzt sich der Mensch mehr an demjenigen, was andern, als was ihm selbst

gehört. Was wir selbst besitzen, gesetzt auch,
wir haben noch so eifrig nach demselben ge-
strebt, werden wir bald müde, aber das Fremde finden wir immer besser und schöner.
Ausserdem daß der Besitz eines Dings die
Neuheit und den Reiz desselben vermindert,
so setzt er noch in die Furcht des Verlierens.
Wer so unersättlich wäre, daß er alles haben
wollte, was ihm angenehm dünkte, würde
Crösus Reichthümer erschöpfen können. Wie
glücklich war Sokrates, da er auf dem Jahr-
markt ausrief: Gottlob, wie vieles ist hier,
wovon ich nichts brauche! — Mäßige deine
Begierden, und denke, wenn du auch das
hättest, was du so gerne wolltest, du würdest doch nicht ohne Wünsche bleiben.

CLXXXIV.
Zu gut ist auch nicht gut.

Unempfindliche Menschen sind keine vollkom-
mene Menschen. Ihre Gutheit entspringt
nicht allezeit daher, als ob sie gar keine Leidenschaften hätten, sondern sie ist gar oft
Fehler des Verstandes. Wer gar zu gut ist,
den keine Beleidigung aus seiner Fassung
bringt, dem alles gleichgültig ist, was die
Mens

Menschen mit ihm treiben, der muß alle Augenblicke gewärtig seyn, daß er um das Seinige betrogen, daß er geneckt und gestoßen
wird unaufhörlich. Sey sanftmüthig und
liebreich, aber gieb nicht zu, daß jeder dich
nach seinem Willkühr ohne Ahndung beleidi-
gen dürfe. Alles oder nichts übel nehmen,
sind zwey Extremen, deren eines so sehr als
das andere vermieden werden muß, wenn man
nicht in stetes Unglück fallen will. Allzu-
scharf giebt Scharten und allzugelinde ladet jeden Gassenbuben ein, dich unaufhörlich zu
insultiren.

CLXXXV.
Ein Weiser thut zu Anfang, was der Narr
aufs Ende spart.

Es kommt im Leben vieles darauf an, ob
man etwas zu rechter Zeit, oder zur Unzeit thut.
Wer nicht gleich beym Anfang einer Sache mit
Verstand zu Werke geht, der wird immer ver-
kehrt handeln. —Man muß oft am Ende dasjenige mit Gewalt ausführen, was man anfangs mit Liebe hätte bewerkstelligen können.
Der Weise blickt, wenn er eine Sache beginnt,
auch auf ihren wahrscheinlichen Ausgang, er

ſieht demnach, was ſogleich, und was mit Gelegenheit gethan werden kann.   Daher kommt
es, daß er, wenn's nur immer möglich iſt,
glücklich endet, da hingegen der Thor, der nie·
weiter ſieht, als ihm die Naſe reicht, immer
und ewig anſtoßt.

CLXXXVI.
Alles Neue gefällt.

So lang man neu iſt, wird man geachtet.
Unſre Sinne werden durch das Neue auf eine
angenehme Art überraſcht und ergötzt.   Man
ſchätzt etwas ganz gemeines, wenn es nur neu
iſt, ungleich höher, als eine Seltenheit, die
man aber oft ſehen kann.   Jede Vortreflichkeit
wird bey ſtetem Anſchauen alt.   So bediene
dich demnach dieſer menſchlichen Schwachheit.
Nimm all den Vortheil, den dir die Liebe zum
Neuen erwerben kann.   Iſt die erſte Hitze vorüber, ſo erkaltet die Neigung dafür auch und
dann wird das leicht mißfallen, was im erſten
Anblick ergötzte.   Alles Ding hat ſeine Zeit,
und iſt dieſe vorüber, ſo fällt es im Werth.

CLXXXVII.

Verwirf nicht allein was den meisten gefällt.

Wenn die meisten mit einer Sache zufrieden sind, so kann es nicht fehlen, es muß doch wenigstens etwas gutes an ihr seyn. Suche diese gute Seite auf, und verachte wenigstens nicht das Ganze. Ein Sonderling ist allezeit verhaßt, und wenn er vollends wenig oder gar keinen Grund hat, so stellt er sich noch überdas dem Gelächter der Leute blos. Es gehört grosser Stolz dazu, etwas durchaus zu verachten, was der gröste Theil derer, die es sehen, ohne Tadel findet. Kannst du die gute Seite nicht entdecken, die etwa daran ist, so halte dein Urtheil wenigstens zurück. Verwirf nichts unbedachtsamer Weise, sonst ziehst du dir den Vorwurf der Einfalt zu. Was jedermann sagt, das ist entweder wahr, oder es ist wenigstens etwas daran.

CLXXXVIII.

Wer in seiner Kunst nicht vollkommen ist,
muß sich an das sichere halten.

Wer viel weiß, kann sich auf eine Sache einlassen, wie er will, aber wer sich bewußt ist, daß ihm hie und da fehlt und er wagt doch, ist sehr vermessen. Ein mittelmäßiger Kopf, der, wenn etwas fehl schlägt, nicht gleich wieder hundert andere Auswege in Bereitschaft hat, thut am besten, wenn er sich nur an das hält, wobey er wenigstens mit Sicherheit bestehen kann. Wer sicher geht, wagt nichts, und ist allezeit besser daran, als der, welcher sein Schiflein dem ungewissen Meer vertraut, das Rudern nicht versteht und an Klippen und Sandbänke geworfen wird, woran er nothwendig scheitern muß.

CLXXXIX.

Studire den Karakter und das Temperament derer, mit welchen du umgehen mußt.

Wenn man die Ursache eines Dings einsieht, so verfehlt man auch nicht leicht die Würkung. Ein Mensch von melancholischem Temperament spricht gerne von Unglück, ein Lästerer von Fehlern anderer. Einer, der von Affekten getrieben wird, wie das Roß vom Sporn, redet von einer Sache immer anders, als sie ist, denn nicht Vernunft, sondern Leidenschaft spricht aus ihm. Jeder urtheilt nach seinem Kopf und Temperament, wenige nach der Wahrheit.

Lerne den Menschen kennen, der allzeit ohne Urſache, und den, der nie umſonſt lacht. Vertraue dich nicht leicht einem, der zu viel fragt, denn er iſt entweder ein Narr, oder er will dich ausforſchen. Hüte dich vor denen, die die Natur gezeichnet hat, gemeiniglich pflegen ſie ſich an ihr für die Verſäumniß zu rächen.

———————

CXC.

Richte dich nach der Mode, aber nicht der Thorheit.

In ſo ferne eine Mode gleichgültig, oder wenigſtens unſchädlich iſt, kann ſich wohl auch ein weiſer Mann dieſelbe gefallen laſſen, und er kann, ohne ſeiner Würde etwas zu vergeben, wohl den Weg betreten, den andere gehen. Ein gar zu ernſthafter Menſch wird zuletzt widrig und beſchwerlich. Wer den Kopf und das Herz am rechten Ort ſitzen hat, wird ſich, auch, wenn er der Mode zu lieb, gewiſſen Kleinigkeiten nachgiebt, ſicherlich nicht zu weit verlieren. Im Lande der Hinkenden iſt das Geradegehen ein gewaltiger Fehler, alſo hink eine Weile mit. Wenn ein Weiſer ſieht, daß

ers mit Kindern zu thun hat, warum soll er
sich nur einen Augenblick bedenken, ob er ih=
ren Launen und Einfällen nachgeben wolle
oder nicht?

CXCI.
Laß dir widersprechen.

Halsstarrigkeit ist kein gemeiner Fehler und
hindert sehr an Selbsterkenntniß und Besserung.
Manche Leute widersprechen aus List, manche
aus Grobheit. Jenem suche auszuweichen,
diesem gieb nach, denn all deine Beredsamkeit
würde doch nur umsonst angewandt seyn.
Zeigt sich dir einer, der durch Widerspruch
dein Herz auslocken will, so schweige, denn
dadurch ziehst du den Schlüssel von dem
Schloß ab, das er so gerne geöfnet haben
möchte.

CXCII.
Abwesenheit giebt Ruf.

Wenn, wie man gemeiniglich sagt, die Ge=
genwart den Ruhm vermindert, so erhöht ihn
die Abwesenheit. Wer in der Gegenwart nur
ein kleines Licht ist, scheint abwesend ein Stern
der ersten Größe. Die Vollkommenheiten ei=

nes Menschen verlieren darum in der Nähe ihren Glanz, weil man nicht tief genug in ihr
Wesen eindringt, gern an der äussern Schale
hängen bleibt und sich in der Nähe einer Vollkommenheit ein Fehler viel zu auffallend zeigt,
den die Abwesenheit vor unsern Augen verbirgt.
Die Sphäre der Einbildungskraft ist unstreitig
grösser, als die Sphäre der Augen. Es ist
daher ein leichtes, sich dasjenige, was man
nicht sieht, herrlicher vorzustellen, besonders
da das Fremde seiner Seltenheit wegen uns
gleich mehr reizt, als das, was wir täglich
sehen können.

CXCIII.

Menge dich nicht in anderer Leute Händel.

Reitze lieber das Verlangen anderer nach deiner Gegenwart, als daß du dich aufdringest,
dann wirst du jederzeit wohl aufgenommen werden. Komm nicht leicht ungerufen und gehe
nur für den, der dich sendet. Wer ungebeten
zur Arbeit geht, geht ohne Dank wieder davon,
und wenn sie ihm mißlingt, so ladet er noch
dazu Haß und Feindschaft sich auf den Hals.
Wenn dich nicht jückt, warum wolltest du kra-
tzen? warum löschen, was dich selbst nicht
brennt. Siehst du Leute, die mit einander

in Händel gerathen sind, so geh aus dem
Wege, sonst wenn sie sich in die Haare kommen, trägst du gewiß dein Theil auch davon.

CXCIV.

Thue nichts in der Hitze der Leidenschaft.

Wenn das Blut empört ist, so sprudelt
der Mund gerne in Schwüre aus. Leidenschaft sieht niemals einer Sache wahres Ver-
hältniß, sondern springt allezeit aus den gehörigen Grenzen. Sie verjagt die ruhige,
kalt abwägende und überlegende Vernunft, handelt gewaltsam, reißt ein, wo man bauen sollte und keine nachherige Reue kann das wieder
gut machen, was verdorben ist. Bist du in
solch einem Sturm, so enthalte dich alles Han-
delns, verschieb es auf ruhigere Zeiten, oder
wenn die Sache keine Verzögerung leidet, so
gieb sie einem redlichen Freund, der das Wahre
vom Falschen unterscheiden kann, der ruhig prüft
und dein Bestes zu besorgen bereit ist. Alle
Umstände, die dir nützen könnten, würdest du
übersehen und das Ziel völlig verlieren.

CXCV.

Laß keine Gelegenheit verstreichen, dein Bestes zu befördern.

Alle unsre Worte und Werke müssen nach dem Maaß der Zeit abgemessen seyn. Man muß wollen wenn man kann, aber nicht, wenn Umstände gegen uns sind. Weder Zeit noch Gelegenheit warten auf dich, sondern du mußt sie beym Schopf zu erhaschen suchen, so bald sie sich zeigen. Schreibe deinem Willen daher keine unabänderliche Gesetze vor, denn du könntest bey ihrer zu gewissenhaften Befolgung dein Bestes zu besorgen vergessen. Es giebt Thoren, die da meinen, alle Umstände sollen sich nach ihnen richten und zu einer ihnen gelegenen Zeit eintreffen, aber der Weise weiß, daß die Klugheit verlangt, er solle sich in die Zeit schicken, weil sie nun einmal sich durchaus nicht zwingen läßt, sich nach seinem Belieben zu fügen.

CXCVI.

Mäßige dich in deinen Meinungen.

Jeder Mensch urtheilt nach seinem eigenen Gesichtspunkt, in dem er die Dinge betrachtet. Jeder glaubt, daß nur er Recht habe. Es ist daher eine richtige Regel; daß man an allem einmal zweifeln müsse. Der Weise setzt zuweilen den Fall, als ob seines Gegners Meinung: die wahre wäre, sieht, worauf er sich gründet und giebt entweder nach, oder bestärkt sich noch mehr in der Wahrheit seiner eigenen. Er lernt wenigstens immer dabey, daß man — da jede Meinung wenigstens etwas für sich hat — nicht ohne Prüfung annehmen oder verwerfen müsse.

CXCVII.
Arbeite ohne Geräusch.

Diejenigen Menschen, die am wenigsten zu thun haben, wollen gerade dafür angesehen seyn, als ob sie mit Geschäften überhäuft wären. Sie sind geizig nach dem Lob der Menge, und werden zum Gelächter. Ein Mann handelt, ohne es zu zeigen, denn es ist Schwachheit, von andern darum angesehen werden wollen. Thue das deinige treulich, und bekümmere dich nicht, ob andere davon reden, oder es beobachten. Verschenke gute Thaten, aber verkaufe sie nicht. Sey lieber ein vortreflicher Mann, als daß du dar-

nach ringſt, dafür angeſehen zu werden.
Ein praleriſcher Menſch, der alles was er
thut, all ſeine Mäuſegeſchäfte mit unleidli-
chem Gebraus verrichtet, zeugt von der Leer-
heit des Hirnkaſtens und von der Niedrig-
keit ſeines Herzens. Er ſtrebt nie nach wahrer Ehre, ſondern nur nach Schein. Könnte er ſeinen Zweck erlangen, wenn er die
Hände in den Schoos legte, ſo würde er
das Arbeiten mit Freuden andern überlaſſen.
— Der Weiſe handelt gerne im Stillen,
nur von den Augen Gottes und ſeinem eigenen
Herzen beobachtet. Es iſt ihm ein Verdruß,
wenn man von ſeinen edeln Thaten laut
ſpricht. Er weiß, daß wenn auch der
Mund der Leute ſchweigt, vielleicht aus Neid
und Partheilichkeit, vielleicht auch, weil die Menge zu ſchwachköpfig iſt, ſein Verdienſt zu ehren, daß die Sache genug für ihn ſpricht.

CXCVIII.
Handle ſo, als ob dir immer jemand zuſehe.

Es war ein vortreflicher Römer, der ſeinem
Baumeiſter ſagte, er ſollte ihm nur ſein
Haus ſo bauen, daß jedermann hinein ſehen

könne. — Nicht aus Eitelkeit sprach er so, sondern weil er überzeugt war, daß er sich niemals bey irgend einer That vor jemand zu scheuen habe. — Der Rechtschaffene bedenkt immer, daß auch die Wände Augen und Ohren haben und daß böse Thaten nicht leicht verborgen bleiben. Wenn er auch allein ist, handelt er doch so, daß ihm eine ganze Welt zusehen dürfte. Er sieht diejenigen als gegenwärtig an, von denen er denkt, daß es wenigstens möglich wäre, sie könnten einmal seine Werke erfahren. Wenn dich auch kein Mensch beobachtet, und das, was du thust, wird niemals offenbar vor den Augen der Welt; so bemerkt dich doch der sonnenhelle Blick des Allsehenden, der sogar in die geheimsten Winkel des Herzens dringt, und dem wirst du doch nicht entrinnen.

CXCIX.

Sättige die Leute nicht auf einmal ganz.

Man muß die Leute verlassen, indeß der Tropfe Nektar, dessen Becher man ihnen zur Hälfte gereicht hat, noch an ihren

Lippen klebt. Je grösser die Süssigkeit, de=
sto heftiger das Verlangen, und je heftiger
dies, um so stärker die Hochachtung. Wenn
das Gute in wenigem besteht, so ist es dop=
pelt süß. Was du auf andere Zeit zu geben
versparst, wird auch dann wieder hochgeschäzt.
Gar zu lang anhaltender Genuß ist gefähr=
lich, denn er erweckt Eckel und die gröste
Vollkommenheit wird alltäglich, wenn man
sie immer sehen kann. Wer den Leuten ge=
fallen will, muß sie auf seine Gunstbezeu=
gung warten lassen, dann werden sie solche
so begierig empfangen, als der Hungrige ein
Stück schwarzes Brod, das der gesättigte
verachten würde. Eine Glückseligkeit, die
mit Mühe errungen wird, macht doppelte
Wollust.

CC.
Lebe fromm!

Dies ist alles mit einem Wort gesagt.
Die Tugend ist die Kette aller Vollkommen=
heiten und das Centrum menschlicher Glück=
seligkeit. Sie ist so schön, daß sie Gott
und den Menschen gefällt. Selbst unsre

Feinde, so wenig sie auch wollen, müssen ihre Vortreflichkeit einsehen und erkennen. Sie ist sich selbst genug, erhebt über alle Urtheile der Welt und giebt nach diesem Leben Rang unter seligen Geistern. Wenn Ruhm der Welt uns wünschenswerth scheinen kann, um wie viel entzückender muß unserm Auge der Kranz entgegen schimmern, der drüben im Lande der Vollkommenheit dem Tugendhaften und Frommen gereicht wird!

Seite 4. Zeile 13. lies 200 statt 198.